不被洗腦的思維練習

本当に頭がいい人の思考習慣100

齋藤孝／著　　賴惠鈴／譯

目次
CONTENTS

前言——聰明人是怎麼思考的？／7
推薦序——做出「勝算較高」的決定／11

序章

聰明人都在想什麼？

什麼樣的人才是聰明人？／14
現代社會需要什麼樣的聰明人？／18
聰明是如何養成的？／22
天才都是從習慣中培養創造力／26

第一章

整理資訊的思維練習

1 挑三個關鍵字，限時一分鐘說明／32
2 有限輸入，才能將成效最大化／34
3 越困難的問題，越要拆開來想／36
4 切割時間，提高密度／38
5 透過提問，串連碎片資訊／40
6 輸入時，記得保留反省時間／42
7 開口發聲，輸入更完整／44
8 善用故事的力量／46

9 輸入資訊時要帶感情／48
10 找個好夥伴，輸出更高效／50
11 凡事抓三個重點就好／52
12 有效吸收的「三色思考法」／54
13 讓資訊圖像化的「箭頭思考法」／56
14 三歲小孩也聽得懂，才算成功輸入／58
15 將資訊整理成一張Ａ４紙／60
16 養成凡事查資料的習慣／62
17 創造出屬於自己的資訊／64
18 幫資訊分組，更容易吸收知識／66
19 有時守秩序，有時不按牌理出牌／68
20 資訊也需要斷捨離／70
21 透過小問題，掌握大問題／72
22 具體又精準的答案，才是好答案／74

第二章

高效溝通的思維練習

23 聽重點，簡化後再表達／78
24 讓對方更信任你的「傾聽技巧」／80
25 引用別人意見時，請大聲「指名道姓」／82
26 傾聽時，把自己當成一張白紙／84
27 把別人說的話，變成自己的語言／86
28 用一句話總結重點／88
29 關注他人的努力和付出／90
30 用數字掌握變化／92
31 不要引導對方問自己想回答的問題／94
32 越問越聰明的理性思考法／96
33 善用提問來激發靈感／98
34 為什麼你該和一流高手做朋友／100

35 互給建議，共同成長／102
36 你以為的周到，其實都不必要／104
37 先闡述整體，再指出問題／106
38 多加一句話，讓好感度大提升／108
39 創造對話的記憶點／110
40 總而言之，多舉例就對了／112

第三章

深度閱讀的思維練習

41 閱讀是最好的自我投資／116
42 好書怎麼選？先看目次！／118
43 難懂的書，更要享受「不懂的部分」／120
44 好的說書人，都會加上自己的經驗談／122
45 隨時想像自己是書中人物／124
46 相同類型的書，先從艱深的看起／126
47 比起讀書心得，你更該練習寫文宣卡／128
48 放感情去讀，輸入更有效／130
49 邊讀邊吐槽，是最好的思考練習／132
50 隨時預測接下來的劇情發展／134
51 好標題的魅力無窮／136
52 觀察書市趨勢，能帶來意外收穫／138
53 透過重點試閱，達到看完整本書的效果／140
54 試著買一本不感興趣的書／142
55 別人的推薦書單，都是拓廣知識的機會／144
56 圖鑑書能讓你快速掌握事物概念／146
57 看電影時，想像自己是位專業影評／148
58 把最精彩的段落朗讀出來／150
59 為自己規畫「每月主打作家」／152

60 誰說文科腦不能讀理科書？／154
61 每個主題，選五本書來讀／156
62 與人分享感想，才算讀完一本書／158

第四章

潛能激發的思維練習

63 正面思考，真的有效！／162
64 贏在起跑線的思考策略／164
65 保持彈性的中庸之道／166
66 養成跟誰都能「閒聊三十秒」的習慣／168
67 珍惜那些心動的瞬間／170
68 擁抱更多未知的可能性／172
69 用「座標軸思考法」來整理資訊／174
70 用「因數分解」來概括事物／176
71 要打破格式，必須先創造格式／178
72 透過心流，重生為新的自己／180
73 利用背景音樂，打造「知性空間」／182
74 輕鬆減壓的「跳一跳」魔法／184
75 給大腦一點喘息空間／186
76 自我陶醉，也是鼓舞士氣的好方法／188
77 消除失敗的「愛迪生思考法」／190
78 借助腦科學力量，加速應變能力／192
79 詞彙量決定你的格局／194
80 有內涵的人，更能客觀審視大局／196
81 讓溝通更順利的「禮貌表達」／198
82 遠離有毒的社群媒體／200
83 讀報也是一種思考練習／202
84 在深夜書桌遇見歌德／204

85 自我肯定，能讓你表現更好／206
86 加速思考的「快速朗讀法」／208

第五章
學習天才的思維

87 福澤諭吉：設定固定時間，養成習慣／212
88 歌德：鎖定目標，讓才華開花結果／214
89 夏目漱石：換個角度思考，結果大不同／216
90 愛因斯坦：建立獎勵機制，心態更積極／218
91 本田宗一郎：虛心求教，世界更寬廣／220
92 吉田松陰：教學相長，獲取新知／222
93 南方熊楠：抄寫是個加深記憶的好方法／224
94 彼得・杜拉克：管理目標，打破拖延症／226
95 史蒂芬・金：專注，是可以反覆練習的／228
96 村上春樹：鍛鍊身體，就是在調整大腦／230
97 澀澤榮一：打造屬於自己的行動方針／232
98 大隈重信：看起來很努力，就真的會更努力／234
99 施里曼：打破常規的勇氣／236
100 佐伯祐三：不被肯定，才能讓人跌破眼鏡／238

前言

聰明人是怎麼思考的？

聽別人說話、回答別人的問題、看書、與別人討論書裡的內容等等，這些行為，都是我們日常生活中的基本交流。然而，乍看之下每個人都在做的事，內容其實因人而異。

正確地傾聽，正確地回答；正確地閱讀，正確地表達——簡單來說，所謂聰明人，其實就是懂得正確地輸入，以及正確地輸出的人。

本書將引領各位讀者，具體認識思考聰明人究竟是什麼樣的人，以及他們平常都怎麼掌握、又怎麼實踐哪些重點。

聰明人能在短時間內整理好自己想說的話，以淺顯易懂的文字精準表達，讓對方輕鬆理解訊息，省下不必要的時間。

不占用他人的時間，也不為對方造成困擾——這樣的人，即是所謂的聰明人。

聰明人善於溝通，但這並不表示他們很會「說話」。有人認為伶牙俐齒、辯才無礙的人就等於聰明，但真正的聰明，其實是指有能力整理資訊，加以簡化、組織想法，並且能夠清楚說明。

打個比方，溝通就像一條河流。對方若願意涉水而過、游向我們，那麼我們就能順利表達自己的意思。

反過來說，如果對方覺得河水很湍急、難以跨越，這時只要由我們主動放上踏腳石，就能幫助對方輕易過河。

溝通時的「踏腳石」，就是我們常說的「關鍵字」。只要放下三塊左右的關鍵字踏腳石，依序加以說明，對方就能踩著那些踏腳石過河，也就是理解你的意思——既不會淹死，也不會被水沖走。當然，溝通只是生活中的其中一項情境，而聰明人懂得活用這樣的技巧，自然實踐於日常之中。

與具備這種能力的人共事時，可以想見他們能拿出比沒有這種能力的人更好的成果，最重要的是，在工作的過程中，他們能避免承受不必要的壓力。

想當然耳，聰明人在職場上也能受到大家的信賴，得到正面評價。聰明，也意味著能為周圍的人帶來幸福。

聰明人在聽別人說話、閱讀的時候，都是以「學以致用」為前提來從事這些行為，所以具有高度的記憶力與理解力，也是其特徵。

舉例來說，閱讀報紙時，如果能邊看邊想像該如何向他人說明這些報導，絕對會比漫無目的地閱讀更容易記住內容。

這種時候，各位不妨先挑選三個左右的關鍵字，再開始閱讀，以那三個關鍵字為基礎來記憶，藉此提升吸收知識的效率。

不要受到報導中的詞彙或用字影響，而是專注於整篇報導的架構、其中最重要的三點。如此一來，就能培養抓重點的能力。

懂得在日常中養成這種思維練習的人，工作時想必也能將相關能力發揮到淋漓盡致：開會時不會驚慌失措，而是從更客觀的角度掌握整體重點，找出關鍵字，在有限的時間內說明清楚。

寫企畫書的時候也一樣，聰明人不會長篇大論地寫一堆廢話，而是從整體結構中篩選三個最重要的重點，用一張Ａ４紙就能簡單扼要地表達清楚。

另外，聰明人能從自己的觀點理解哪些是重要的事物、哪些是不重要的事物。透過建立「自己的觀點」，也能幫助我們培養所謂的知性與內涵。

博學強記的人，確實能擁有豐富的資訊量，但如果腦中處於雜亂無章、支離破碎的狀態，就無法將知識運用在工作上。這是因為，博學與內涵的意思並不同。

所謂內涵，指的是透過知識，讓心靈更加豐富。聰明人有能力在腦中，將取得的知識好好整理、重新建構、系統化。正因為擁有整理資訊的能力，聰明人才能正確地輸出——我認為，這才是真正的聰明人。

推薦序

做出「勝算較高」的決定

趙胤丞

當初收到《不被洗腦的思維練習》的書稿時，覺得很有趣，會第一眼被「洗腦」這兩個驚悚字眼吸引，因為多數人都對「洗腦」有偏向負面的認知，覺得可能被詐騙集團或是他人甜言蜜語導致鬼遮眼做出一些不恰當的決定。洗腦某程度也有被污名化的情況！怎麼說呢？

其實或許我們可以換一個角度來看，就像很多人都說讀書可以改變一個人的修養與氣質，記得的會轉化成修養，不記得的會轉化爲氣質。而改變思維才能改變行為，改變行為才能改變結果。如果我們將這樣的思維改變視為是一種洗腦的話，好像也可以說得通。當我仔細拜讀《不被洗腦的思維練習》裡面文章的時候，卻又有一番不同的看見與思考。

在我看來，洗腦不可避免！因為接收新資訊、新刺激，本來就會讓我們的思考有所不同，甚至出現典範轉移的情況，所以就算是洗腦，我也覺得可以從結果來思考，可以分成壞的洗腦或是好的洗腦。怎麼說呢？如果因為觀念的改變，能夠讓我的生活陷入更大的困境（進步），那麼我覺得就是壞的洗腦（好的洗腦）。可以透過閱讀知名作者齋藤孝先生《不被洗腦的思維練習》了解聰明如何養成的操作步驟，以及養成受用一生的良好思維練習，我覺得《不被洗腦的思維練習》這本書很值得好好拜讀。

齋藤孝先生在《不被洗腦的思維練習》這本書當中提到很多的思維練習，用來幫助我們理性又全面地思考，把我們遇到很多問題的迷思與盲點都一一拆解破除，透過學習聰明人的思考方式，我們也可以做出勝算較高的決定，產生好的成果之後，也讓我們更加確定聰明人的思考方式有用，進而多多運用，這樣就變成一個正向循環。

齋藤孝先生在本書中舉了非常多的名人案例，透過他的清楚描述，身為讀者的我可以了解聰明人怎麼做決定，以及背後有哪些好的思維練習。接下來就是我要如何將這些好的思維練習在日常生活中踐行出來，進而優化我的生活。所以，如果您想變成像是齋藤孝先生一樣的聰明人的話，《不被洗腦的思維練習》這本書您千萬不要錯過！誠摯推薦！

序章

聰明人都在想什麼？

什麼樣的人才是聰明人？

懂得玩「知識的拋接球」

所謂聰明人，是指能有效率地接收資訊，並且正確表達的人。換言之，就是擅長輸入與輸出的人。

從他人身上取得資訊後加以整理、簡化，再還給對方，這就是「知識的拋接球」——接住對方投過來的球，再不偏不倚地扔回給對方。只要能重複這樣的拋接球，就能讓雙方持續愉快交流。

這在現代社會是很重要的力量。一般人被問到「你希望同事具備鮮明個性，還是理解力？」時，基本上都會回答：「最重要的是能理解我在說什麼。」我猜這也是大部分上班族的真心話。

最近日本的大學改變了招生考試的形式。一般招生管道是讓全體考生解答相同的試卷，除此之外，現在考生也可以透過「自我推薦」或「綜合型選拔」（註：又稱「AO入學」，指學生透過入學事務管理局〔Admissions Office〕，以雙向評估的方式入學）等方式就學。換言之，升學考試的形式越來越多樣化。

我從中感受到一個重點，那就是每一位為了考試而孜孜不倦地準備多年的學生，真的很了不起。早在強調個人特質或創造性的多元入學管道出現前，他們就可以充分理解並接受「為了考上理想的學校，自己必須付出哪些努力」，並且能長期持續下來。這樣的人，真的十分有毅力。

以足球為例，首要之務就是徹底嫻熟踢球的基本技術，因此必須勤勞地反覆練習，就像準備考試一樣。如果能再加上創造性，那名選手一定會變得非常厲害。

批判性思考，在體育界也吃香

近年來，教育現場開始主張應培養學生的「表現力」，亦即所謂的批判性思考能力。具有發現新價值的能力，是聰明人的共通特質。

無論是數學家、科學家或專業棋士，都能將這項能力活用於日常生活中。想當然耳，運動選手也不例外。

學習、了解過去的方法，再加上新的價值，即為發現附加價值的能力。既然是「附加」，自然就是建立在了解過去的基礎上。如前所述，這樣的過程一定得經過腳踏實地的學習、累積經驗後，才可能發生。就跟孜孜不倦準備考試的過程一樣，能創造出新的附加價值的人，就跟考生一樣，絕不會偷懶懈怠。

在體育的世界裡也一樣。站在教練的立場來看，「聰明的選手」絕對是不可多得的人才。就算個子不高、體格不壯，但教練還是會想派聰明的選手上陣。因為聰明的選手能迅速地並正確地理解、執行教練的要求。換言之，這意味著該選手具有高度的戰術理解力。

這樣的人，只要一聽到教練說：「這場比賽，對手大概會這樣進攻，所以今天要採取這種戰術，這是你的任務。但如果狀況發生變化，你也要隨機應變。」就能馬上理解教練的意思。事實上，無法做到這一點的選手在所多有。

如果是更優秀的選手，當教練準備的戰術行不通時，還能自己臨機應變。這種善於應變的能力，正是聰明人的特徵。

思考能力，可以帶你走得更遠

在德國足球甲級聯賽持續活躍於第一線的長谷部誠選手，之所以在年滿三十七歲後還能與球隊續約、至今仍深受球隊信賴，原因之一就是能正確地理解戰術，並以此展開行動。

唯有條理分明的思考能力，才能幫助選手展開正確的行動。足球其實是一種需要批判性思考的運動：即使是「傳球」這麼簡單的行為，背後也存在著「為什麼現在要傳球」的理由。隊友在這邊，那邊是敵人，只要傳球給隊友，就能把球傳到另一邊，進而射門，因此要把球傳給這位隊友……如此這般，若欠缺條理分明的思考能力，就無法推演到這一步。

根據球隊相關人士的評價，在球賽中，長谷部總是比其他選手更快出現在正確的位置上，因為他能預測、解讀即將發生的狀況。透過這則充滿啟發性的案例，我們可以得知，長谷部選手正是所謂的「聰明人」。

現代社會需要什麼樣的聰明人？

因應變化、理解他人

這個時代所需要的聰明人，究竟是什麼樣的人呢？先講前提，社會上的價值觀會隨時代不同而產生相當大的變化，因此聰明人都必須具備因應變化的能力。有能力思考當下時代的需求、自己又能做些什麼的人，即為世人口中的聰明人。

舉例來說，幾乎所有搞笑藝人都是口才一流的專家。除了工作場合外，他們即使是在私底下的喝酒聚會，也都很擅長炒熱氣氛，一般人根本模仿不來。

不過，這個行業的競爭十分激烈，只有一小撮人能存活下來。這些成功者有一個共通點，那就是他們能清楚掌握節目製作單位的需求。

比方說，他們懂得善用「時間軸」的概念來說話，具體來說，就是在十秒或十五秒的時間限制內，清楚地講完自己想講的話。

他們在開口說話前，就會意識到十五秒後要畫下句點，於是從十五秒倒推回來，藉此簡化要表達的重點，最後再加上能讓人會心一笑的笑點。並不是所有人都有這種能力，但是能在演藝圈存活下來的藝人，大部分都屬於這樣的人。

實不相瞞，從這個角度來說，我也曾經在上節目時出過大糗。當時我還沒習慣電視錄影的步調，節目主持人問我問題，我就提出自己的見解。

我還以為自己說得頭頭是道，後來才知道一切都是剪接的功勞。因為我的話太多了，每道問題的回答都長達四十秒以上，節奏太過拖沓，得經過修剪才能播出。

也就是說，我沒能正確掌握製作單位希望我做到的事。換言之，我沒有好好理解對方的心情，更沒能正確地理解對方的需求。直到現在，我都還記得當時自己為此深切地反省了一番。

不同情境，有不同需求

剛才介紹的例子是「電視節目需要的聰明人」，換成廣播的話，時間限制就會比十五秒長得多。

另一方面，如果是在大學授課或演講場合，必須站在學生或聽眾面前說話的時候，那麼又會有不一樣的安排時間方法。要持續整整一百分鐘都言之有物，勢必得具備與「談論十五秒話題」截然不同的能力。

也就是說，我們必須先理解：每個情境需要的能力不盡相同。以田徑比賽為例，短跑與馬拉松跑者所需要的能力不可能一樣。

因此，首要之務是準確地判斷自己現在需要具備什麼能力。如果覺得自己做不到，就要有所自覺：「這不是我的守備範圍。」就算是自己認為的優勢，也不見得適用於所有情境。懂得這一點的人，通常都是所謂的聰明人。

連高手都在求進步，你憑什麼躺平？

我們必須持續挑戰新事物，讓自己向上提升。千萬別讓自己流於一成不變，而是要藉由嘗試各式各樣的新東西，讓自己的不斷吸收新知，因應時代的需求——這是每個人的任務，就算是堪稱時代巔峰的傳奇人物，也不例外。

將棋界傳奇棋士羽生善治先生，自從前幾年丟了「龍王」寶座後，就此告別了頭銜賽的舞台。這段期間，羽生先生曾說過一句讓我印象深刻的話：他想向十幾歲的藤井聰太先生「學習」。

此外，現今的將棋界在ＡＩ（人工智慧）的發展之下，研發出與過往截然不同的戰術。羽生先生對ＡＩ也充滿好奇，甚至表示：「過去曾靠這種戰略來獲勝的經驗，如今已經沒有太大的意義。我們必須結合走在最前端的意識，才能存活下來。」

即使是史上第一位取得永世七冠（註：同時獲得永世龍王、十九世名人、永世王位、名譽王座、永世棋王、永世王將、永世棋聖等七座頭銜）、被譽為將棋界傳奇的羽生先生，也正在努力試著適應現在的時代。這種彈性，正是聰明人的特徵。

當環境產生變化時，各位能採取什麼樣的行動？在面臨變化時，各位是否也懂得判斷「這麼做比較好」「那麼做比較好」並付諸實踐？這種解決問題的能力，非常重要。

聰明是如何養成的？

知道自己該做什麼，很重要

能夠馬上回答「你在做這件事的時候，會特別注意什麼？」這道問題的人，就是所謂的聰明人。例如在練琴時被問到這個問題，能立刻說出「為了能順利彈出這一段旋律，我會特別留意左手無名指的動作」的人，通常都能在練習過程中注意到問題所在，也懂得在腦中好好整理思緒。

以運動為例，在練習高爾夫球的揮桿動作時，如果腦中什麼都不想，那麼即使揮桿一千下，也只能增加肌耐力，無法精進技術。反過來說，會在揮桿時意識到「手臂要與球桿同步」的人，每次揮桿都有其意義。

能不能進步，就取決於練習的「質量」加乘效應。如果品質為零，那麼進步的程度也幾乎等於零；若能持續有意義地練習一千次，球技就一定能進步。簡單一句話，就是要搞清楚自己該做的事。

我有幸親自見過長野冬季奧運金牌得主、前職業競速滑冰選手清水宏保先生。他說，他從國小就開始鍛鍊身材，努力強化腹部的深層肌肉——髂腰肌。髂腰肌的相關訓練，目前在運動科學領域備受矚目，當時還是國小生的他，居然就懂得集中鍛鍊髂腰肌，實在是太厲害了。聰明的體育選手，無非就是這種能立定課題、組織練習方法，並且加以實踐的人。

如果自己不太會組織練習方法，不妨請專家幫忙；自己一個人辦不到的話，就老實接受自己辦不到的事實，接受別人的協助。如果沒有經濟能力諮詢專家，也可以向同儕或前輩尋求建議。說穿了，就是要懂得找到自己的搭擋。

海量資訊，該怎麼決定優先順序？

我們生活在各種價值觀百家爭鳴的時代，自然也必須具備對眼前眾多事項安排優先順序的能力。能辦到這一點，也是聰明人的特徵。

世事不可能盡如人意。當各位在工作上出現重大疏失、捲入麻煩時，不要試圖隱瞞或逃避，而是第一時間就找人商量。請將此列為這種場面的第一順位。

這時，不妨請教經驗比自己豐富的人，藉此克服危機，或是將損害控制在最小的範圍內。

說得準確一點，現代社會沒有人能離群索居。把「團隊」合作的概念當作基準，藉此為眾多選項排先後順序，這正是這個時代不可或缺的能力。

為什麼聰明人都愛睡覺？

在世間萬物變化越來越快的情況下，學會適應這種速度感，也是活在這個時代的一大特色。

話雖如此，但在接下來的時代，即使外在狀態的時間流速如同湍急的河水，也要確保自己的內在狀態如地下水般沉靜。

假設以爭分奪秒的時間表，來完成工作與家事的過程，屬於「急流」的話，那閱讀的時間即可說是寧靜的「湧泉」「地下水」。只要同時擁有這兩種一急一靜的時間感，就能取得知識的平衡。靜下心來，閱讀兩千五百年前集結孔子智慧語錄的《論語》，即是完全屬於自己的時間，不具任何強制性，就只是任由時間靜靜地流逝。這種「知識的湧泉」，將成為避免知識枯竭的源頭活水。在順應快速變化的現代社會的同時，能否另外擁有一段屬於自己的時間，可以說是活在當下的重要關鍵。

此外，睡眠不足會拖住我們的後腿，讓我們淹沒在時間的洪流裡。或許有人看到這裡，會不滿地反駁：「這不是廢話嗎？」但睡眠其實遠比許多人想的更為重要。

只要能配合自己的生活步調，確保充足的睡眠時間，頭腦就能清晰敏捷，也能保持健康的身體；只要身體健康，頭腦也能百分之百地全力運轉。

無論是工作還是運動，能把日子過得很充實的人，肯定是理解睡眠有多重要的人。這些人深知睡眠品質也會影響荷爾蒙分泌，而荷爾蒙分泌則會影響到身體的步調。如何妥善運用老天公平賦予每個人的二十四小時、確保足夠的睡眠時間——這份為了「創造知性環境」而付出的心力，無疑會對我們今後的生活帶來重大的影響。

天才都是從習慣中培養創造力

天才的日常，其實很平凡

世人口中的偉人，都為這世界留下了我們凡人終其一生也無法達成的豐功偉業。例如年僅三十五歲就撒手人寰的知名音樂家莫札特，世上固然存在這樣一生波瀾萬丈、跌宕起伏的天才；但是另一方面，其實也有很多天才過著意外平凡的人生。

眾所周知，哲學家伊曼努爾·康德的日常生活，規律到令人咋舌的地步。終生未娶的康德早上起床都要喝紅茶，就連上午工作、下午出門散步的時間都很固定，一絲不苟。

而且，他每天只吃晚上一餐。由於其日常實在太按表操課了，甚至還有人說：「只要看康德作息就知道時間了，根本不需要時鐘。」

這就是平凡到令人吃驚的天才日常，但我們可以從中學習到「按表操課的力量」。

有效率地過著相同的生活，意味著不需要把可以用來探索知識的精力，浪費在日常瑣事中，全面隔絕一切干擾思考的外在行為。如此一來，就能將所有精力都花在「思考」上。

倘若康德活在現代，每天都要面對上門按鈴的快遞、被迫回覆一大堆社群網站的留言，對他而言肯定是難以承受的痛苦。

別浪費精力苦惱「午餐要吃什麼」

據說很多運動選手由於不想分神煩惱比賽以外的事，所以十分重視每天的例行工作。例如前美國職棒大聯盟選手鈴木一朗先生，有件廣為人知的趣事：在他的職業生涯中，有段時期每天都吃咖哩。

他沒有解釋過這麼做的原因，但是可以想像，這或許是為了減少生活中的不確定要素。

我們每天都活在大量流通的資訊中，偶爾也需要為心靈撐把傘，巧妙地避開不斷飛來的資訊，讓自己置身於寧靜的空間。也就是說，我建議各位在內心打造一個安身立命的家，而那個家，就是日常生活的例行工作。

不去注意多餘的事物，就能避免讓精力漏電。現代人經常從睡醒那一刻起就一直握著手機，不斷回覆社群媒體的訊息，這等於是一整天都讓精力處於怠速的狀態，不斷消耗能量。相反地，只要把缺口統統堵上，別讓精力漏電，就能在必要時刻一口氣發揮全部潛能。

任何人都有一定程度用來思考的精力，其使用方法卻千差萬別。聰明人就會滴水不漏地儲存精力，關鍵時刻再拿出來用。

而「關鍵時刻」的定義，聰明人對此會抱持著所謂「黃金時機」的時間感。這種時候，說是進入渾然忘我的境界也不為過

舉例來說，假如有三個小時的時間，只要其中一個小時能進入這種境界，那麼就算另外兩個小時拿來做些看似「浪費」的事情，也無所謂。

舉世聞名的建築大師——勒．柯比意，是人稱近代建築三大巨匠之一。他的一生當中，約四十年的時間都致力於建築設計事業，而他的例行工作也非常有意思。

據說他無論如何，都會把上午的時間全部用來從事繪畫，下午才去建築設計事務所上班。

或許在柯比意的心目中，繪畫與繪製建築設計圖都不脫藝術這個框架。即使挪出一半的有限時間來從事建築以外的領域，就結果而言，這麼做也能夠觸動他的設計靈感。

越有創意的人，越懂得為自己善用那些乍看不具任何意義的時間。換言之，為了等待某種靈感降臨在自己的精神上，他們必須玩耍、必須放空、必須散步。這些行為都是為了自己，與別人的看法無關。

靠咖啡達成高生產力的大文豪

上述的道理，同樣適用於例行工作。事先掌握到能讓自己快速進入狀態的「開關」，將能使工作事半功倍。

聽說法國文豪奧諾雷·德·巴爾札克每天傍晚會先睡一覺，半夜醒來後喝一大杯咖啡，才開始寫作。據他本人所說，他每天都要喝五十杯咖啡左右，非常不尋常。巴爾札克視咖啡為自己的「援軍」，借助咖啡的力量，在徹夜不眠的寫作過程中持續奮戰。

先不管站在醫學的角度上，喝太多咖啡會有什麼後果，巴爾札克使用時間的方法顯然與正常人不太一樣，但對他而言，喝咖啡無疑是最適合自己的例行公事。

以上為各位介紹了聰明人的特質，這正是能幫助我們鍛煉批判性思考、避免輕易被時下資訊「洗腦」的必備能力。接下來，就讓我為各位介紹１００個思維練習，希望能幫助各位活用於自己的生活、工作，乃至人生，成為不被洗腦有獨立思考能力的人。

第1章

整理資訊的思維練習

思維練習

001

簡化

挑三個關鍵字，限時一分鐘說明

任何事都可以簡化成一分鐘精華

大家口中的聰明人都有個特徵，那就是很擅長輸出。所謂聰明人，即是具有簡化能力、善於說明的人。

透過語言、文字或行動等表達方式，將腦海中想到的事讓對方知道，這是我們每天從事的基本輸出形式。

以身邊的事物為例，同樣是在向朋友介紹昨天看的電影或看的書，聰明人就會用簡單明瞭、妙趣橫生的方式來說明。

我建議各位描述某件事情時，不妨挑選三個關鍵字，養成用那三個關鍵字在一分鐘的時間內說清楚、講明白的習慣，有助於磨練輸出的技巧。這樣的思維練習，也可說是一種「說明術」（關於「三個關鍵字」的具體解說，請參考後文的第十一項思維練習「凡事抓三個重點就好」）。

記住，每個關鍵字只能用十五秒說明。十五秒鐘究竟有多長呢？用一支電視廣告的長度來想像的話，或許會更容易理解。也就是說，先用三支電視廣告的長度來描述狀況，再以第四支電視廣告的長度來表達結論，言簡意賅地簡化成一分鐘的談話，不要浪費時間。

無論再困難的主題，只要使用這個方法，就能把內容整理在一分鐘以內。

用碼表來練習說話

我在任教於大學師資培訓課程時，每當有新生入學，我都會要他們練習「一分鐘說明法」，並希望他們能用體感來記住十五秒的時間長度。起初絕大部分的學生都撐不到十五秒。

可見，十五秒意外地漫長。換言之，這乍聽之下極為短暫的時間，其實已經足以表達許多資訊了。只要能各用十五秒整理三個重點，以共計一分鐘的時間加以說明，就能大幅提升輸出的能力。此外，具備高度的輸出能力，也就能夠避免占用對方的時間。

思維練習

002

反推

有限輸入，才能將成效最大化

大部分人都輸入太多資訊了

當我們實際比較輸入與輸出的資訊量時，兩者通常會呈現「輸入：輸出＝九：一」的比例。或許也有人回過神來才發現，自己幾乎都是一味地輸入資訊，輸出卻幾近於零。換句話說，現代人大都處於「輸入過多」的狀態。

這麼一來，我們的大腦很容易被輸入的資訊塞滿，處於超載的狀態。知識無法順利運轉，當然也就無法順利輸出。

此外，在撰寫重要的論文或報告時，如果採取「不管三七二十一，先統統輸入再說，待會兒再花時間慢慢整理」的做法，那麼不僅腦筋會轉不過來，也相當浪費時間。

相對於此，聰明人則會採取「從必須輸出的內容來回推，選擇需要的資料加以輸入」的做法。

舉例來說，假設要寫一篇論文來探討將某個假說的可能性（也就是所謂的輸出），需要先查閱哪些資料呢？只要從龐大的數據中精準擷取自己所需的資料，應該就會發現，實際花在查資料的時間與勞力，其實只有漫無目的地輸入時的十分之一左右。

減少浪費時間的作業，還能提升輸入時的專注力，讓速度變得更快。

輸入多少，就輸出多少

就像是把抓來的魚，從頭到尾吃得乾乾淨淨一樣，讓輸入與輸出的資訊量相等，亦即不浪費時間輸入不必要的資訊，這才是聰明人的做法。

換言之，這也是一種「將輸入的東西，原原本本地輸出」的思考模式。

思維練習
003
分解

越困難的問題，越要拆開來想

再難的任務，安排好順序就ＯＫ

我們在日常生活中經常會碰壁，一旦碰上讓人覺得「不可能度過這個難過！」「這下碰到難題了！」的時候，就很容易驚慌失措。

然而，聰明人的特徵，就是即便處於這樣的時刻也絕不會退縮，無論面對什麼樣的局勢都不會太過激動，能冷靜地面對。

聰明人之所以能做到這一點，是因為他們懂得如何在短時間內「安排先後順序」。

即使遇上再困難的狀況，他們也能仔細地分析、釐清現狀，知道自己「要先克服這個問題，再進入下一個步驟」，循序漸進地處理。也就是說，正因為已經準備好要怎麼處理了，即使內心難免驚慌，行為舉止也不會失措。

專注處理自己不拿手的部分

遇上棘手的狀況時，如果一味認定「這就是個天大難題」，反而會讓問題停留在最困難的狀態中。這時候，若「肖想」同時解決所有難題，就會很容易陷入手足無措的絕望處境。

然而，只要能依據狀況，逐一拆分成各個小問題，就會覺得每個問題應該都有辦法解決。徹底解決每個小問題，就能一一解決所有的問題。

就像是剛出生的幼鳥，要飛上天空是一件很不容易的事。正確步驟應是從站上樹梢開始，接下來才是助跑、揮動翅膀……如此一步一腳印地循序漸進，就能學會飛翔。

拉大提琴是我的興趣，我的做法是將樂曲分成「拉得好」跟「拉不好」的部分，並專門練習拉不好的部分。

這麼一來，原先不擅長的部分就能進步得很快，最後就能演奏出優美的完整樂曲。同理可證，面對再大的難題，只要能細分成小步驟，冷靜地分析每個問題，就能沉著應對。

思維練習

004

高速化

切割時間，提高密度

現代的「體感時間」，和以前不一樣

想像一下，在參加婚禮時，如果有人要你「在三分鐘內發表一場演說」，或許很多人都覺得這樣的時間限制太過短暫，但三分鐘其實遠比想像還長。

錄製電視節目時，工作人員會在錄影的尾聲階段出聲提醒：「時間還剩四十五秒，請盡快收尾！」這時，現場來賓往往會手忙腳亂：「還有四十五秒？怎麼剩下那麼多時間！」反過來說，對於資深主持人而言，只需要五秒鐘就能做出結論，用一句沉穩的「那麼，下次再會」為節目畫下漂亮的句點。換句話說，在這個情境下，五秒鐘其實是足以決定節目結論與餘韻的高密度時間。

相較於過去，現代社會的時間被分割得非常細；正因為分割得非常細，每段時間的密度比以往高出許多。

例如搭捷運出站的時候，如果有人因為票卡餘額不足而堵在驗票閘門，即使只卡了一兩秒，也會讓後面的人心浮氣躁。明明現代捷運系統已經比以前人工剪票的時候快上好幾倍，我們依然會為了那幾秒鐘的延遲而感到焦躁。現在，正是如此高速運轉的社會。

十五秒能做的事，比想像更多

換句話說，要在高速運轉的社會活下去，就必須把時間切割得更細、提高工作的效能，同時更專注於自己的興趣。倘若能下意識地認為「十五秒已經很長了」，那麼只要有一分鐘或三分鐘的空檔，就可以做很多事，進而提高生活的充實程度。

受邀上節目時，我幾乎都是利用錄影當天的短暫空檔，迅速看完節目腳本。這麼做是因為，電視節目經常直到錄影當天還在修改內容。要在這麼短的時間內緊鑼密鼓地開會、討論，這可以說是我們這些生活在高速運轉社會的現代人，必須習慣的課題。

思維練習

005

串連

透過提問，串連碎片資訊

把碎片知識系統化

博學多聞的人，不見得就是「具有內涵」或「頭腦很好」的人。畢竟，如果知識處於支離破碎、彼此互不相關的狀態，就只是一堆資訊碎片，亦即所謂的「雜學」。因此，為了善用知識，以彼此串連起來的方式加以整理，在適當的場面輸出，就顯得格外重要。

有個好方法，可以幫助各位有系統地整理支離破碎的資訊，那就是用「問題」串連起來。

舉例來說，對於「何為工業革命？」這道大哉問，我們該做的並非只是茫無頭緒地依照時間順序把事實寫下來，而是以「為何會從英國開始？」「具體而言有哪些變革？」「對全世界造成哪些影響？」利用這種「小問題」形式，提出許許多多的問題。

為了回答這些問題，你所蒐集到的知識之間應該都有關聯性及共通點，如此一來就能加以串連，從中看出工業革命的全貌。

問題與答案是一體兩面

同樣的道理，也能運用在與他人溝通的情境中。懂得提出問題、並請對方輸出答案的人，不僅較有能力理解談話的重點，在聆聽他人意見時也能表現出津津有味的態度，甚至讓對方產生「這個人好聰明」的印象。

具體而言該怎麼做呢？各位不妨在筆記本上多多寫下日常生活中的突發靈感或注意到的異狀，並且加上一個問號「？」。之後如果有機會主動調查或被動發現相關的解答，再寫下你的答案，並加上驚嘆號「！」。

當「？」與「！」組合起來，就成了一套彼此相關的知識。我認為，只要能整理出大約三組「？」與「！」，就能有系統地說明出諸如「何為工業革命？」這樣的大哉問。

思維練習

006

回顧

輸入時，記得保留反省時間

休息，是為了給自己回顧的機會

大多數人都能理解輸出的重要性，卻常常疏忽「休息」也能帶來極大的益處。

打個比方，應該有不少考生在做數學考古題時，會選擇一口氣全部做完，就結束這一回合。這樣其實非常可惜。

除非是非常優秀的天才，否則大多數人通常無法一次全部回答正確，一定會遇到解不開的問題。這些解不開的問題，意味著對自己而言比較棘手的部分，所以即使看過答案，隔一陣子後可能還是想不起解法，答不出來。

這時請暫時放下手邊工作，為自己安排反省時間，從更客觀的視角審視自己的行動或想法，並試著重複做個兩三次。

第一次反省時不用花太多時間，只要把問題分成「解得開」和「解不開」的類別即可。對於解不開的問題，不妨看完答案再進行回顧，給自己一點反省時間後，進行第二次嘗試。接著，再重新把問題分成「解得開」和「解不開」的問題。

第七次才是記憶的巔峰

就算遇上了反省到第五次還是解不出來的問題，也不需要沮喪。請繼續安排反省時間，直到獲得解答為止。

背英文單字的時候也一樣。必定有些單字不管查再多次字典也記不起來，但是肯定也有不少人背到第五、六遍就能記住。我個人認為，背英文單字時，第七次才是記憶的巔峰。

背到第七次，多半就能記住任何事。因此在第七次前不妨反覆停下腳步回頭看，檢查自己已經做過的事，一再挑戰。

不只學習，所有試過一次但不順利的情況，都不妨試著停下腳步，自我省思，然後再試一遍，這也是聰明人基本上都會採取的做法。

思維練習
007
朗讀

開口發聲，輸入更完整

朗讀有助於減少錯誤

輸入資訊時，除了只在腦中進行思考整理外，刻意念出聲音也是個好方法。這項行為本身很簡單，但非常有效。

以下是某位企業主管和我分享的做法。他說，過去他試遍各種方法都無法減少員工的犯錯情形，令他傷透腦筋。某一天，他要求全體員工在開會時念出自己犯錯的癥結點，從此以後，原本不見改善的錯誤情境居然大幅降低了。

實際上，自己透過整副身軀所發出的聲音，確實有助於為自己留下更為強烈的印象。

舉例來說，手錶、眼鏡、手機是我最容易忘記的三樣東西，所以我平常就養成把「手錶、眼鏡、手機」念出聲音來的習慣。事實上，自從這麼做以後，我就再也沒有忘記過這三樣東西了。

這種發出聲音、讓聲音傳入耳中，以加強大腦印象的方法非常有效。如同每當我們說出傷人的話時，內心會感到強烈的後悔；反過來說，如果能講出有趣的話，逗得朋友哈哈大笑，內心也會留下深刻的正面印象。

大腦喜歡聽自己的聲音

由此可見，「發聲」行為不只簡單又輕鬆，近年來科學家也提出研究數據佐證，這麼做確實能夠活化腦細胞。

透過影像檢驗正在朗讀的人的腦部畫面，可以發現各部位的神經細胞都在運作，從而促進血液循環。此外，朗讀更具有發揮活化腦細胞的效果，可望有效降低罹患失智症或憂鬱症等疾病的機率。

附帶一提，日本江戶時期思想家二宮金次郎的勤學形象深植人心，他從少年時代就總是背著木柴、一邊讀書的故事，更是廣為人知。據說他的學習方法，就是念出聲音來。看在左鄰右舍眼中，邊走邊大聲朗讀的模樣可能相當詭異，但金次郎本人或許正是透過這個方式，切身感受到朗讀的效果。

思維練習

008

故事化

善用故事的力量

融合知識與故事

明明知識很豐富，卻無法順利輸出——這樣的人在所多有。我會推薦他們，採用「故事化」的做法。

舉例來說，在職場上製作簡報資料時，別只是列出內容，而是要為自己的說明加入故事性。

加上高低起伏的情緒，說明自己「為什麼要提出這個企畫案？具體來說要做什麼？這麼做會對公司造成哪些影響？」這麼一來，聽眾能更容易理解這場簡報的重點。

這一點同樣適用於輸入資訊的情況；把記不住的東西，換成小故事的方式來記憶，就很容易記住了。

打個比方，假設長輩外出時有十件要做的事，例如「關瓦斯」「拉窗簾」「關燈」等。要老人家全部記住，其實非常困難。

然而經過實驗證明，只要以說故事的方式，依序記憶自己從起床到出門前做過的事，就能牢牢地記在腦子裡，真不可思議。此外，像「瓦斯」「窗簾」這種乍看之下毫無關係的片段資訊，也能透過故事化變得有秩序、有系統。

故事越扯，越好記

我在前文的第五個思維練習「透過提問，串連碎片資訊」曾介紹過，如何靠問問題來整理龐大的資訊。故事化，其實也是一種將支離破碎的資訊整合起來的方法。

順帶一提，此處所指的「故事」，大可以是荒唐無稽、超越現實的內容。以提醒長輩關瓦斯的情境而言，像「紅色怪獸從空中飛來關瓦斯」這種匪夷所思的設定，反而會因為太過不合邏輯，更容易記住。

思維練習
009
留下印象

輸入資訊時要帶感情

正向情緒，能使記憶更深刻

為了讓知識變成自己的養分，在記憶時盡量放感情，也是個不錯的方法。因為當輸入的資訊與自己的感情產生深刻的連結、情緒處於積極正向的狀態時，將有助於提高知識的吸收力。

例如在觀看電視新聞的時候，不妨刻意發表誇張的意見：「咦？居然有這種事？」「聽起來好好玩！」讓情緒處於亢奮的狀態。這麼一來，情緒會產生波動，有助於使輸入的資訊更明確。

另外，以出門旅行為例，各位或許有機會在旅館中品嘗到當地野味料理。即使曾在電視或網路上看過這些的菜色，但若未能代入自己的情緒與連結，這些資訊也只不過是「死知識」。

然而實際親眼看到料理、聞到香味後，各位可能會心想：「這道兔肉看起來好好吃！原來這就是野味啊！」進而激發好奇心，產生「這道料理充滿了大自然的力量！」「第一次吃到這樣的食物！」「好想吃！」等情緒，當時的所見所聞也將變成真正的體驗，深深地烙印在心裡。

在大量資訊流通的環境下，每一則資訊都是滄海一粟的存在。除非刻意將資訊深深地刻入心坎裡，否則通常都是左耳進、右耳出。

只要放感情來記憶，資訊就會在心中佇足，明確地留在自己的情緒裡。放感情來記憶的行為，可說是透過情緒的力量，為原本一閃而逝的資訊刷上鮮豔難忘的色彩。

輸出時，也要打動對方的心

輸出時如果能意識到這點，也會很有幫助。

在職場上做簡報，或在婚宴場合發表演講時，如果聽眾從頭到尾都沒笑一下或露出吃驚的表情，表示那些人的情緒可能從頭到尾都沒有波動。到了第二天，大家甚至不會記得講者曾開口講過話。

思維練習

010

同伴

找個好夥伴，輸出更高效

好夥伴能帶來成就感與緊張感

前文已經介紹過，當我們在學習或看新聞的時候，可以透過發出聲音、放感情等方法來幫助記憶。不過，或許有人覺得自己一個人做這件事有點不好意思。畢竟，既然要發出聲音，有人聽當然會比較容易進入狀態。

這時，如果有願意一起學習某項主題的對象，我建議採取兩人一組的「夥伴模式」，亦可稱之為「兩人互相檢查」或「拋接球」的方式。我在國中準備考試的時候，經常跟朋友採取這種做法。

那時候，每逢期中或期末考前，我們會去其中一個人的家，先研讀社會課本的同一個部分，再花一、兩分鐘輸出，朋友則扮演聽眾的角色，看著課本，檢查我說的對不對，然後再交棒，互換角色。如此周而復始，就能一起記住課本的內容。

考考對方，自己也會有進步

這時有一點很重要，那就是要從積極正面的角度互相評價，例如「你說得很好！」「就快完成了！」讚美，是讓對方產生成就感的最簡單方法。請別人幫忙檢查自己的輸出情形，也可以杜絕自己可能沒注意到的遺漏之處。

不過，可別只是互相讚美，也要負起責任，仔細檢驗對方的學習成果。就這層意義而言，相互學習就像是某種「決勝負」，因此會產生良性競爭的緊張感。這種緊張感，能讓雙方的輸入與輸出都變得更踏實。

除此之外，相信各位只要試過就會明白——即便是在檢查對方輸出情形的時候，也能跟自己輸出的時候一樣，留下深刻印象。因此無論是測試者或被測試的人，都能牢牢地記住這些內容。

思維練習
011
全貌

凡事抓三個重點就好

你是真的懂嗎？抓三個重點試試！

在進行理解及說明時，「三」是一個極為關鍵的數字。我在大學教課時，會經常出題目考考學生，讓他們進行「用三個關鍵字來說明」的練習。為什麼會局限於三個關鍵字呢？畢竟，兩個關鍵字稍嫌太少，四、五個又太多，以效率而言，我認為三個最合適。

比方說，以童話《浦島太郎》為題的話，各位可選擇「烏龜」「龍宮城」「寶箱」這些關鍵字來說故事。倘若這些關鍵字無法幫助各位好好說明故事全貌，就表示選擇的關鍵字可能有誤。

要在短時間內簡化成三個重點，需要具備正確、迅速掌握全貌的能力。迅速抓到重點，可說是理解、說明事物時極為重要的關鍵。

「三」是邏輯學的象徵

事實上，「三」在邏輯的世界裡是非常具有象徵性的數字。以紅綠燈為例，紅、黃、綠三色的比例其實妙不可言，如果在紅色和黃色之間再加入一個橘色，變成四種顏色，駕駛肯定會陷入混亂。

再舉一個例子，當我們在說明法國大革命這段歷史時，與其說「這是有關『法國人』與『民主思想』的革命」，不如用「自由」「平等」「博愛」這三個關鍵字來說明，可以讓內容更立體，更容易表達革命的理念。

思維練習

012

解讀

有效吸收的「三色思考法」

用顏色做分類，還能養成理解力

我從年輕的時候就有個習慣：看書時，會把特別在意的段落，分成三種顏色。我稱之為「三色原子筆法」。具體而言，是在自己認為「這大概是作者最想傳達的內容」、也就是最重要的部分，畫上紅線；在列出數據等客觀資訊的重要部分，畫上藍線；在主觀上個人認定非常有意思的部分，畫上綠線。簡單來說，紅色表示「非常重要」，藍色是「還算重要」，綠色則是「很有趣」。

當然，一旦畫線就不能擦掉了，所以在做筆記時會產生某種程度的緊張感。我會試圖掌握作者的想法，在自己認為最重要的地方畫紅線。我認為這種恰到好處的緊張感，是閱讀時不可或缺的樂趣。更重要的是，倘若欠缺尋找書本內容重點的能力，就不知該如何畫線。有些人或許畫了一大堆藍線，卻無法「狠下心」來畫紅線。

藉由不斷地邊讀邊將資訊分成三種顏色，自然就能養成簡化及解讀的能力。

三色思考法，對輸出也很有效

其實不只閱讀，這種「三色思考法」，也能運用在各式各樣的場面。以藍色的客觀數據為例，有些人平常說話的時候經常忘記要以數字佐證，導致欠缺說服力，甚是遺憾。

我自己就曾經在參與美食節目錄影時，突然被主持人要求介紹口感，卻因為嘴巴裡一口氣塞了太多食物，導致什麼話也說不出來，結果時間就這麼過去了。像這種時候，就應該要先說紅色的部分：「好好吃！」其次，描述具體風味及口感，則是藍色的部分；如果還有「雖然很辣，但我超級喜歡！」這種非常個人的感想，則屬於綠色的部分。然而，當時的我卻連最重要的紅色部分「好好吃！」都說不出來。

換句話說，在最想表達的重要部分（紅色）裡，加上具有說服力的證據（藍色），再加上基於個人主觀意識感受到的靈光一閃（綠色），就能完成吸引人的輸出。

思維練習

013

關聯性

讓資訊圖像化的「箭頭思考法」

找出關鍵字，用符號連結

各位在完成會議簡報資料後，若想額外補充相關資訊，我會建議準備圖解講義，將有助於聽眾了解。除此之外，就算不另外準備資料，只要用筆讓文字本身圖像化，也能讓簡報內容的整體主軸更加清晰易懂。

具體的做法，就是在原本只由文字構成的資料中，將你認為是重點的關鍵字畫線或圈起來，並且依據文字之間的關聯性，用「→」「＝」「⇔」等符號加以連結，讓資料變成一張圖。

這時可別只用黑筆，而是要配合關鍵字的意義，分別使用不同的顏色，這麼做能讓資訊更簡單明瞭。想像一下：比起隔壁同事的純文字資料，你的資料卻經過豐富多彩的圖像化處理，肯定會比他人的簡報都更容易理解。

光聽做法可能覺得很簡單，但各位實際操作後，或許會覺得比想像中困難。因為在進行圖像化流程時，並不是一股腦兒地用符號連結起來就好，而是要正確地理解每個關鍵字的因果關係及時間線等。如果是在會議簡報的情況下，還得配合講者的說明速度，同時迅速且正確地加上符號。畢竟，一旦把毫不相關的關鍵字用箭頭連起來，或是圈出毫無意義的詞彙，就無法呈現正確的圖表。

讓錯綜複雜的關係一目瞭然

讓冰冷生硬的純文字資料變得清楚明瞭，是一項既輕鬆又痛快的工作。一旦各位習慣了這種做法，那麼就連朋友找自己商量人際關係煩惱時，也能利用紙筆，輕鬆地將錯綜複雜的人際關係化繁為簡，用一張圖就能直指問題的核心，讓對方恍然大悟：「原來如此，這次的重點其實是A先生與C小姐的關係。」

順便說一下，圖表並非萬能，有時也會出現「聽眾不理解此處出現箭頭的意義」的情況，這時還是需要透過口頭講解或文字來補充說明。

思維練習

014

說明

三歲小孩也聽得懂，才算成功輸入

自己都不懂，怎麼教小孩？

對大人說明困難的事，其實並不是一件困難的事。真正困難的是把困難的事，簡化到三歲小孩也聽得懂的程度。這是因為大人比小孩更具有理解力，即使聽不懂某個關鍵字的意思，也能從整段對話或前後文理解大致上的意思。

例如在職場上與同事聊股票時，假設你說「可能過熱了」，對方即使不太懂這句話的意思，也能從前後文理解「大概是指市場過度反應的意思」。各位應該也經常引用一些就連自己也不是很明白的專業術語吧？

然而，如果對方是小孩，說明的態度就不能這麼隨便了，只能使用自己真正理解的詞彙，完全不能夾雜著英文的商業用語。在這種綁手綁腳的前提下，嘗試進行淺顯易懂的說明，對於練習高品質的輸出而言，其實是非常有效的練習。

你能向小孩解釋誰是杜拉克嗎？

我過去曾出版過幾本向兒童解釋尼采名言、武士道的思考邏輯，以及佛陀教義等「超譯哲學」的書籍。從某個角度來說，我發現這比寫書給大人看更困難。

好比說，如果要向小孩說明彼得·杜拉克是何許人也，就得耐心解釋：「杜拉克是很有名的管理學家，指導我們如何管理一家公司，但這個人最關心的其實不是錢，而是尋找人類真正的幸福喔。」「他在思考的過程中，發現人必須做出『成果』，人生才會快樂。」就像這樣，只要養成仔細琢磨問題的習慣，就會發現自己有些地方其實也不是很清楚，進而加深理解的程度。

思維練習
015
先後順序

將資訊整理成一張A4紙

補充再多資料，也沒人會看

我建議各位，在會議上向同事與主管說明某件事的時候，不需要製作好幾十頁的資料——基本上一張A4紙就夠了。因為即使提供再多資料，也不會真的有人在會議上看。

如果無論如何都想要補充資料的話，不妨透過雲端連結等方式，和會議上的聽眾分享檔案。這時只要加上一句「細節請稍後再看這裡」就夠了。

最重要的是，要養成能將想要說明的部分，整理成一張A4紙的簡化與組織的能力。一直忍不住增加資料的人，或許就是因為這方面的能力不足。我在大學的課堂上請學生練習發表企畫案時，一定會要求他們要把企畫書或說明書簡化成一張A4紙，發給所有人，以淺顯易懂的方式說明。

例如，我會要求學生把「關原之戰」等歷史用語，或「美國升息」等時事用語整理成一張A4紙，用大約一分鐘的時間說明。由於一張A4的篇幅相當有限，內容一定要精挑細選，安排好先後順序再寫上去。若能視需要加入表格或圖片，肯定會更好懂。

「會說話」不等於「會簡報」

架構巧妙的格式，會讓人在第一眼看到的瞬間就發出「哇！」的驚嘆，只需要五秒鐘左右就能理解全貌。而且一旦各位習慣這樣的做法，慢慢地也將能具備無論什麼事都能整理成一張A4紙的能力，亦即前面提到的簡化、組織、說明的能力。

能言善道的人很多，其中誤以為自己「根本不需要用到資料，靠我的妙語如珠就夠了」的人也不少。問題是「舌燦蓮花」與「簡報品質」完全是兩回事，無論如何，充分準備好資料，才更能幫助聽眾理解你的意思。

思維練習
016
搜尋

養成凡事查資料的習慣

你真的有在「認真」滑手機嗎？

透過網路，可以免費取得世界各地龐大的資訊；而手機則是可以隨時隨地取得資訊的設備。然而，懂得充分善用這項能將資訊帶著到處走的「現代神器」的人，其實沒有想像中多。

新冠疫情爆發前，我曾在餐廳聽到幾位客人在討論經濟的話題，不料這場議論，竟在「雷曼風暴是什麼時候的事」這道「難題」戛然而止。明明在座的所有人都有手機，只要拿出來搜尋，應該不用三十秒就能知道答案。結果他們卻只以一句「不管了」就跳過這個話題，繼續討論下去。其實，只要連上網路，就能查到金融危機什麼時候發生，有什麼前因後果，還能順便帶出相關的數據。

要具體地討論本質上的話題，「證據」必不可少。只要善用手機，無論再怎麼語焉不詳的話題，都能進行具體性且有邏輯的討論。

如果只用手機來上社群網站或看網路新聞，那實在太可惜了。

聰明人都很會搜尋

另外，聰明人也都熟悉搜尋的技巧。他們懂得正確地選擇關鍵字，因此能用最快的速度找到資訊。我曾實際請多名學生同時搜尋同一個目標，有人要花一、兩分鐘，也有人只花幾十秒就說「找到了」。

善於搜尋的人，能正確地選擇與其所尋找的資訊有關的結果，不會浪費時間在類似但錯誤的資訊上，因此也很快就能找到正確關鍵字。

例如在尋找想吃的咖哩飯時，如果用「東京」「咖哩飯」來搜尋，永遠也找不到理想的餐廳。這時除了要選擇具體的地名，還得為自己的目標加上特徵，瞬間找出足以鎖定相關資訊的關鍵字，例如「銅板價」「深夜營業」「南印度」等等。

思維練習
017
認知

創造出屬於自己的資訊

「活知識」與「死知識」

學習，意指獲得知識的行為，但是在認知科學的研究領域裡，知識分成兩種，分別是「活知識」與「死知識」。

活知識是指可以立刻從腦子裡拿出來用的知識。就像桌上的原子筆，每天都會用到，所以閉著眼睛也能拿到。

另一方面，死知識就像沉睡在書桌或櫃子的最深處、已經好幾年沒看過的舊存摺或租屋合約。換句話說，活知識是「積極的知識」，死知識則是「消極的知識」。

為了不讓知識死掉，我們必須積極地在日常生活中運用知識。

片段資訊，並不是活知識

此外，光靠博學強記的片段知識，也是所謂的「死知識」；必要時可以馬上拿出來，與其他知識一起用的知識，才是「活知識」。

「織田信長在永祿三年，於桶狹間之戰獲勝。」——這種死板的敘述，只是片段的知識。不僅難以發揮效用，也無法內化成自己的養分。

不過，如果能以此為基礎，賦予其故事性：「只有四千名兵力的織田軍，以縝密的戰略打敗今川軍的兩萬五千名大軍，結束了戰國時代群雄割據的局面，是改變歷史的一件大事。」徹底理解桶狹間之戰的背景、為什麼會發生桶狹間之戰，以及桶狹間之戰對後世帶來什麼影響，這些知識就會「活生生」地變成自己的養分。

學習外語也一樣。考生通常都要背五千個以上的英文單字，但是完全無法用英文交談的人，多如過江之鯽。

但是在美國，三歲小孩只靠著少得可憐的單字也能侃侃而談。因為這些孩子的知識已經系統化，變成活知識了。

思維練習

018

順藤摸瓜

幫資訊分組，更容易吸收知識

聯想的力量

當我們在記憶新知時，可別只是單獨記住「A」資訊，而是要連同相關的「B」乃至「C」資訊在內，以兩個一組或三個一組的方式來記。這樣一來，就能較順利地從記憶中吸收知識；而且即使想不起A，通常也能透過B或C，以順藤摸瓜的方式想起A。

以宗教改革為例，如果以「中世紀末期的基督教革新運動」及「提倡奉聖經為圭臬的馬丁路德」再加上「提倡預選說的喀爾文」三個一組來記憶，那麼只要想起其中一個，就能想起另外兩個。一旦養成習慣，資訊就會互相形成助力，只要提起其中一個，就能聯想到另外兩個。

我想，應該沒什麼人會聚焦於年代的關聯性，把義大利天文學家伽利略與英格蘭自然哲學家牛頓聯想在一起。然而事實上，伽利略死於西元一六四二年一月，牛頓誕生於一六四二年十二月。由此可知，一位天才殞落後，隨即又有另一位天才出現。

只要以如此恢宏的戲劇效果把兩個人連在一起記，就能產生「互相牽引」的效果，讓彼此產生連結，而非只是片段的歷史。

散步也是一種學習

日本有個名叫《閑走塔摩利》的電視節目，倡導散步不僅有益健康，還能從街道中發現不為人知的歷史及居民生活，富有知識性趣味。

好比各位走在橫濱的街道上，看到著名景點紅磚倉庫時，請別只是感嘆：「哦，這是日劇經常出現的場景」就結束了，而是先想到日本幕末時期，美國海軍准將培里前來橫濱，要求幕府開港；連結港灣的設施「大棧橋」在明治時代落成，各國大型船隻得以停船，貿易量隨之增加，為此興建了「紅磚倉庫」，但還是不夠用，所以隨後又打造「山下埠頭」……各位在散步過程中，不妨選三個知識串連起來，邊走邊記也不錯。

思維練習
019
發想

有時守秩序，有時不按牌理出牌

光靠秩序，無法產生新創意

有些人在進行討論的時候，一心只想中規中矩地為話題畫下句點，避免引起任何衝突。開會時也一樣，有些主持人會盡量維持秩序，只求平安無事地結束一小時的會議。但是這麼一來，將無法產生任何新的創意。

討論也好、開會也罷，最理想的狀態是「秩序」與「混亂」之間，能以恰到好處的平衡得以並存。假如整個會議從頭到尾只有秩序的話，討論會無疾而終，產生不出任何新的創意。

在一板一眼的秩序裡，若能從大膽的角度提出令人跌破眼鏡的意見，雖然會造成某種程度的混亂，但前所未見的創意，通常就是在這個時候誕生的。所以別一味讓會議或討論在一板一眼的形式中結束，這一點相當重要。

另一方面，如果與會者各執己見，即使開一個小時的會，也永遠討論不出個所以然來。必須仔細研究每個尖銳的意見，使其回歸秩序。重複以上的作業時，與會者的點子會逐漸融合，相互折衷，導出結論。從結果來看，將會是一場充實的會議。

兩句話，讓你輕鬆掌控對話節奏

日常對話是如此，在聽眾面前發表演說時也是如此。打個比方，各位在介紹一本書的時候，固然可以拚命強調「這本書很好看」，但若能刻意切換角度，出其不意地拋出一句「書市已瀕臨毀滅的命運」或「書本終將成為數位資訊的一部分」引發混亂，再透過一句「即便如此，為何人們還是對紙本書情有獨鍾呢？」讓話題歸於秩序。這麼做，不僅能製造深度與廣度，還能讓話題變得有趣。

此外，各位或許沒意識到，但只要善用「比如說……」開頭的句型，再舉幾個例子，就能為話題帶來意想不到的「混亂」感。這時，再以「總之，我的意思是……」的句型，拉回秩序與常理。像這樣的收放句型，其實在日常生活中不斷地發生。換言之，我們隨時都在秩序與混亂之間來來去去。

思維練習

020

分類

資訊也需要斷捨離

割捨資訊的勇氣

聰明人無論在交談或開會等情境，都能正確地分辨必要與不必要的資訊。假設分別有A到E五個討論議題，即使表定的會議順序是「從A討論到E」，他們也能適時提議：「這次沒有太多時間，所以直接從C開始討論吧。A和B的相關資訊將以雲端方式分享，請各位有時間再看。」換言之，他們會勇於做出捨棄部分資訊的決定。

讓我再舉個例子，來說明資訊斷捨離的重要性吧！假設某公司的業務負責人，去客戶公司開完會後，回來向主管報告會議結果，這時如果他先無關緊要地說些「對方的公司重新裝潢過了」「我見到對方的窗口了」「對方讓我等了十分鐘」的廢話，最後才坦白：「開會時有些不愉快，對方很生氣。」那麼主管一定會火冒三丈地責罵：「這種事要先說！」事態會變成這樣，就是因為該業務負責人不擅長整理資訊，不懂得排優先順序，所以即便報告得很具體，卻完全沒有理解資訊的核心概念。

這類型的人，用字遣詞的能力往往很差，就算要他「說重點」，他也會繼續滔滔不絕地說著長篇大論，絲毫沒有「重點」可言。正因為不會對資訊進行選擇、取捨，只好把浮現在腦海中的想法全部講出來。

倒推時間，選擇該表達的重點

有些時候，我們也必須視情況，在幾分鐘的時間限制內交代完一切。這時必須從時間倒推回去，從手邊現有的資訊中，挑選要在有限的時間內應表達的事項，掐頭去尾地講重點。本書截至目前介紹過的「話要在十五秒內說完」「用碼表練習說話」「講重點」等方法，也是為了幫助各位達到這個目的。

製作資料時也一樣。A4大小的篇幅不可能放入一本書的資訊，但只要正確的選擇、取捨，就能以一頁A4的方式把資料整理好。

思維練習
021
理解本質

透過小問題，掌握大問題

習慣系統化思考

在前文第十三項思維練習說明過的「箭頭思考法」，是一種將「系統化思考」的概念具體化的方法。這也是彼得．M．聖吉在其著作《第五項修煉》裡推廣的思考模式，亦即從綜觀大局的角度來看待事物整體，正確地掌握其中要素與要素之間的因果關係。這本書也同樣介紹了我先前所提到，把因果關係畫成圖表，藉此讓事情全貌更加清楚的手法。

舉例來說，假設一位新進員工的煩惱是「遇到很多問題，不知該從哪裡著手才好」，這時不妨先從宏觀角度，以「問題」為核心來觀察事件的全貌，並把這些問題依重要性、關係性、優先順位排序，決定什麼才是應該先做的事。能做到這一點的人，就表示已經具備系統化思考的能力。

傾向「見樹不見林」的人則正好相反。這種人只能看到零零散散的片段化事物，因此總是被眼前的資訊耍得團團轉，遲遲無法抓住問題的本質。

天才都懂得系統化思考

ＮＨＫ推出的長篇歷史電視連續劇《直衝青天》，使澀澤榮一這位歷史人物再次備受矚目，而他正是能夠進行系統化思考的典型代表。

澀澤榮一是活躍於江戶末期的武士。當他前往歐洲視察時，其他同行者不是驚呼「橋好宏偉啊」，就是讚嘆「街道好漂亮啊」——換言之，這些人沒能看到「森林」，只看到「樹木」就感動萬分。這時，只有澀澤榮一觀察到「股份有限公司的概念」「銀行是一種金融系統」，系統化地捕捉到歐洲社會的全貌。

聰明人會把眼前的每一個問題，視為大問題的其中一小部分，並養成習慣，時時思考這項要素與其他要素之間的關係。

思維練習

022

正中紅心

具體又精準的答案，才是好答案

沒有核心概念的答案，沒有意義

不少人只會用抽象的答案來回答問題，也有人回答的答案完全偏離了問題的本質，卻沒有意識到這點。

聰明人會隨時提醒自己，要以具體且一針見血的答案來回答問題。所謂一針見血，就是要「正中紅心」，這也是我們的目標。

舉個例子，假設 A 先生問 B 小姐：「昨天放假做了什麼？」這時，B 小姐明明只要回答「上午去健身房重訓」或「晚上去看棒球」就好了，結果她卻流水帳式地說了一大串沒有意義的事實，例如從早上七點起床洗衣服、然後曬被子……像這樣沒完沒了地列出一整天做的事，這樣的答案雖然具體，可惜毫無核心概念可言。

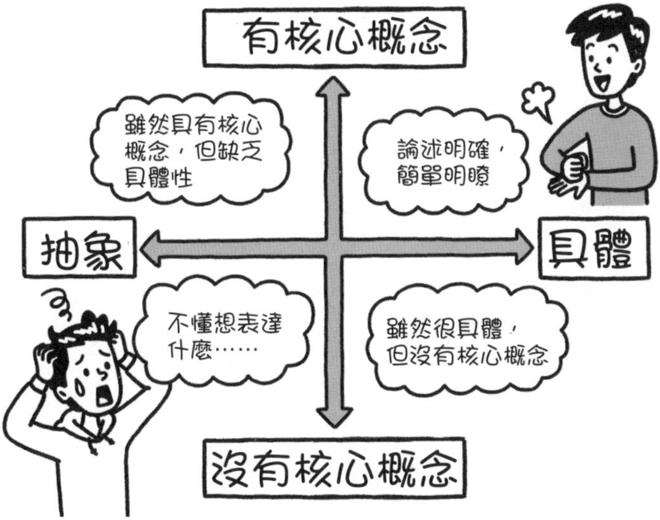

又或者，如果問喜歡打高爾夫球的人：「高爾夫球哪裡吸引你？」結果卻對方卻回答：「高爾夫就是我的人生！」這也不是提問者想知道的答案。對回答的人而言，這個答案或許具有核心概念，卻一點也不具體。

另外，當棒球選手請教教練：「要怎麼打中滑球？」如果教練只會回答：「總之要靠毅力！靠氣勢揮棒！」這個答案既不具體，也欠缺核心概念。

你的表達力夠強嗎？

上方的圖表，是將前述「核心

概念」與「具體性」的說明要素，分割成四個象限。不用說也知道，具體又具有核心概念的答案，是最理想的狀態，也就是這張圖的右上角區塊。

前日本首相田中角榮，正是成功實踐這一點的典型人物。他能精準地挑選出聽眾想聽到的主題（也就是核心概念），結合感性角度；再列出有憑有據的數字或例子（也就是具體性），以這種方式來演講，緊緊地抓住民眾的心。

不妨靜下心來，分析自己平常說的話或寫的文章，落在這張圖的哪個象限。

第2章

高效溝通的思維練習

思維練習
023
連動

聽重點，簡化後再表達

加入新意，延伸話題

跟別人說話的時候，重點在於要先專注於「聆聽」這項行為。

所謂聆聽，不只是聽進去對方說話的聲音，而是要理解對方想表達什麼、沒有說出口的言下之意，在腦海中正確地整理重點。整理好重點的那一刻，才可說是真正理解談話的內容。

並不是每個人都很會說話，也有些人只會繞著圈子說話，就連自己也不明白自己在說什麼。這時候，只要能確實聽懂這種人想表達的意思，對方也會鬆一口氣。

這項技巧，也同樣適用於前文第二項思維練習中介紹過的「有限輸入，才能將輸出最大化」。

懂得聆聽，就已經先贏一半

打個比方，各位在聆聽對方的想法之後，不妨先表示：「原來如此，原來是這麼回事啊！」以此為基礎，再不時透過「這件事也讓我聯想到另一件事……」等句型來賦予新的意義，讓話題延伸開來。只要能抓住談話的重點，給予適當的回應，對方也會感到安心，認為「這個人正確地理解了我的意思」，接下來與對方的溝通肯定會更順暢。

同樣的技巧，若能善用在與主管之間的工作對話，或跟同事在職場上的交流，就能讓人對你產生「這個人抓重點的能力很強」「這個人很聰明」的印象。

由此可見，光是培養聆聽的能力，就能大幅提升思考水準。平常就能養成習慣、意識到該如何聽懂別人表達的重點的人，與只是聽聽就好的人，光是這樣的認知差距，就會產生天壤之別。

附帶一提，懂得抓重點，也就表示不會被對方說的話牽著鼻子走。換句話說，擁有這種能力的人，就算面對不擅長表達、總是跳針似地重複同一句話的人，也可以用一句「您是指這個意思嗎？」就把話題拉回來，進而主導話題。

思維練習
024
設身處地

讓對方更信任你的「傾聽技巧」

讓對方更安心的肢體語言

聽別人說話時，「姿勢」其實也是非常重要的一環。讓自己的胸口維持正面朝向對方，是最基本的姿勢。如果說話的人在右手邊，自己的身體也要稍微轉向右邊。

雖然是很簡單的行為，但光是這麼做，就能充分緩解對方的緊張感，完成更圓滑的溝通。

每當有人邀請我去演講的時候，我都會先關心演講的場地。這是因為，假如是位在體育館等場所，通常現場聽眾都會坐在折疊椅座位上，而且椅子基本上會呈直線型地排列整齊。

這麼一來，倘若聽眾筆直地面向前方，我就無法完整出現在大部分人的視線正前方。所以最理想的情況，是將椅子以扇形的方式擺放。

做好隨機應變的心理準備

如此這般，聽別人說話時要讓身體面向對方，表現出「全神貫注」的態度。但也別忘了，要懂得依據情境的不同，改變點頭、附和的方式。

舉例來說，有時候要笑著點頭表示：「原來如此！」嚴肅的場面，則要默默點頭。點頭是一種向對方表示「我也有同感」的動作。我們聽別人說話的時候，必須事先在心裡準備好諸如此類的反應。

在新冠疫情衝擊下，不少大學改為遠端授課，起初幾乎所有學生皆以不露臉的方式參與線上課程。但我親身試過後才知道，要對幾十名看不到表情、也沒有反應的學生，進行九十分鐘的課程，心態再堅強的人恐怕都撐不下去。而我請他們露臉後，說起話來就輕鬆多了。

各位平常或許不太會意識到，但「看得到表情」，在與人溝通時其實是非常重要的一件事。身為聽眾，也別忘了時時留意自己的「肢體語言」。

思維練習

025

起點

引用別人意見時，請大聲「指名道姓」

搶功勞是職場大忌

各位或許曾在開會時看過這樣的人：有人會在贊成Ａ先生的提案後，再把話題引導成彷彿那是自己想出來的點子。聰明人絕不會這麼做。

正確的做法，應該是在表達意見時，刻意提到Ａ先生的名字，例如：「我非常認同Ａ先生剛才發表的高見。」最重要的一點就在於，要在所有人面前強調「我只是引用Ａ先生的意見」。

簡單來說，就是要對Ａ先生的「功勞」給予正面評價，而不是硬拗成自己的「功勞」。這麼一來，不僅Ａ先生會很高興自己說的話被你引用，你也更有可能成為Ａ先生眼中的「戰友」「好同事」「可以分享意見的夥伴」。

重點在於，要讓在場的所有人都知道那個提案是「Ａ先生的創意」，接下來的討論才能順利地進行下去。

釐清文章脈絡的能力，也是相同的道理。在長時間的會議上你一言、我一語地各抒己見後，有時候會搞不清楚那句話最早是誰說的。在這麼混亂的情況下，能確實釐清「這句話原本是 A 先生說的」並且大方說出來的人，通常也具備正確地解讀文章脈絡的能力。

名字的特殊意義

刻意稱呼對方的名字，也能有效地拉近與對方在心理上的距離，這種溝通法又稱為「指名道姓」。一般認為，人被喊到自己的名字時，往往會對喊自己名字的人產生親切感。

如同美國知名作家、溝通專家戴爾．卡內基所說：「名字是一個人最重要的音節。」名字與一個人的自我認同，具有密不可分的關係。

思維練習

026

坦誠

傾聽時，把自己當成一張白紙

偏見會影響你的理解力

各位在聽到「要虛心聆聽他人的意見」這種諄諄教誨時，可能會覺得：「這不是廢話嗎？」問題是，人生在世很難不帶成見。過去的經驗會形成自己的想法或偏見，導致難以跳出框架來思考。

一旦認定某項事物「就應該是如此」，很可能會誤解對方的意思，甚至做出完全相反的解釋。

對於從小生活在紙本印刷時代的人而言，一聽到「YouTube」等影音平台的瞬間，可能就會產生排斥感。若下意識地認定 YouTube 不過只是「網路世界的玩意兒」，這樣的態度絕對稱不上是正確。

懂得虛心聆聽的人，不會不由分說地否定網路的價值，而是積極地吸收知

識，想知道 YouTube 哪裡有趣、具有哪些功能等。

日本經營之神松下幸之助，曾在其著作中提到「坦誠的第一步」這句話。這句話的意思是說，只要以坦誠的心態看事情，就能看見事物真正的本質；如果用狹窄的心胸看事情，只會看到非黑即白的結果。唯有養成用虛懷若谷的角度看事情，人才能進入坦誠的第一步。

提出現象學理論的德國哲學家——埃德蒙德．胡塞爾也曾說過，人是被偏見及「先入為主」汙染的生物，強調消除偏見及先入為主的訓練的重要性。尤其我們活在在多元化價值備受重視的現代，「清空」腦袋來聽對方講話，就顯得更重要了。

思維練習

027

詞彙量

把別人說的話，變成自己的語言

不夠理解，就無法轉換成自己說的話

將對方說的話，或是自己讀到的文章，透過其他方式來表現——這樣的行為，就是「換句話說的能力」，這也是判斷一個人是否充分理解一件事的重要指標。能將對方說的話換個方式呈現，意指能將對方說的話內化成自己的養分，也就是理解對方在說什麼。

我曾出版過一本名叫《用「東大國文」入學考試來鍛鍊閱讀力！》的書，專門解說日本東京大學國文科考題的內容。

東大國文科的考題，幾乎都是在例句上畫線，請考生以淺顯易懂的文字解說這段例句的意思。此處需要的正是「換句話說的能力」，由此可以看出學生是否真正理解文章的意思。

另一方面，假如面試官要求你「請用自己的話，來說明這項概念」，其實也是在考你是否已徹底理解那項概念。

有些人或許一聽到「用自己的話」，就會盡情地想到什麼說什麼，但請注意，「換句話說」是指以幾乎相同的方式，來替換原本的句子或文章。以數學符號比喻的話，即是「約等號」（≒），可千萬別搞錯了。

練習換句話說，也能提升寫作力

若想練習換句話說的能力，不妨選定某個主題的文章，熟讀之後，從中挑出三個關鍵字，用那三個關鍵字改寫成自己的文章。

在日本大學入學考試的世界史等科目中，就曾出現過類似的考題：考卷上列出二十個左右的關鍵字，要考生從裡頭選出幾個自己喜歡的關鍵字，以此為題，寫一篇文章。

要有整理文章脈絡的能力，才能串起自己選擇的關鍵字；而如何選擇關鍵字，則需要充分理解力。也就是說，擅長換句話說的人，詞彙量往往也很豐富。

思維練習
028
替換力

用一句話總結重點

以「總而言之」開頭，吸引對方注意力

聰明人通常也很擅長說明，原因在於聰明人具有能用準確且具體的例子說明事物的能力。也就是說，聰明人具有抓重點的能力。

如果是比較抽象、一般人難以理解的概念，與其花時間製作資料或用圖片說明，還不如簡化成一句簡單明瞭、貼近日常的話語來替換說明，肯定更容易讓對方理解。

例如要說明「中央銀行的量化寬鬆政策」，比起長篇大論地說明：「首先，政府為了支撐景氣及物價，要增加日本央行的供應貨幣總量，然後再……」不如換個方式，簡化成：「一言以蔽之，就是印很多鈔票，增加市場上流通的現金。」這樣的說明方式，肯定能讓更多人聽得懂。

我建議各位，在以「總而言之」或「一言以蔽之」為開頭造句時，後面要選擇能一針見血直指問題核心的表達方式。

每句對話要控制在五秒左右

想像若有一位粉絲向搞笑藝人提問：「你怎麼會想到那個梗？」要是這位搞笑藝人從自己的生平開始細說，或是光講些空泛的理論，那麼對方想必無法理解他想表達什麼，甚至聽到一半就開始厭煩了。

這種時候，改成說「總而言之，這些都是我自己的經驗談喔」，並巧妙地整合自己印象深刻的親身經歷，更能讓對方理解自己想表達的意思。

大部分的情況下，我會建議每句對話要簡化成五秒左右的程度；依據情況不同，有時甚至要能在三秒到一秒內說完。

或許有人會覺得「這也太強人所難」，但是在電視上實況轉播的主持人其實都是以一秒、兩秒為單位，選擇要使用的詞彙，並用一個核心概念，將這些碎片資訊串連起來。

思維練習

029

評價

關注他人的努力和付出

聰明人能正確地評價自己以外的人，因此無疑也具備領導才能。當然，能不能成為真正的領導者，仍取決於自己的性格或跟其他成員的關係，但至少聰明人確實具備這樣的素養。

那麼，什麼才是「正確評價」呢？這是指具有「察覺其他成員經歷過哪些辛苦、下了哪些工夫」的能力。

我在批改學生繳交的報告時，通常會刻意去思考他們花了多少時間才完成這份報告，並對他們所下的工夫，給予「辛苦了！」等評價。

人生其實就是一連串經歷努力與付出的過程，無論是學習、運動或玩耍，我們隨時隨地都在重複以上的過程。

換句話說，光是去理解對方的努力與付出，大概就能猜到他實際做出的成果。

舉例來說，「控制力不穩定」的棒球投手，在練習投球時，會針對這一點來付出「試著移動重心位置」或「延遲發球的時機」等努力。倘若教練能理解這一點，並對這些過程給予客觀的評價，就能強化彼此的關係。

也別忘了看見自己的努力

另外，只要能主動理解對方所付出的努力，對方也能體會這些付出的重要性，進行產生「必須更努力」的意識。

容我舉個稍微極端一點的例子：假設某位教授出題考考教室裡的學生，每隔幾分鐘就一一問他們「哪個部分最困難？」「你下了哪些工夫？」這樣訓練下來，那間教室的學生想必都會因為對自身努力有所自覺而充滿幹勁，也能交出漂亮的成績單。

思維練習

030

圖表化

用數字掌握變化

隨時問自己：這個數字是怎麼來的？

觀察一個人的成長或某件事物的進展時，重點不在於總額，而是要仔細觀察每個細節的變化。

假設有位歌手過去曾發行過三首歌曲，三首歌的下載次數總計為一百萬次。聽到這裡，各位一定會覺得：「好厲害！」但仔細觀察，或許會發現第一首歌的下載次數為七十萬，第二首歌只被下載了二十萬次，退步很多。到了第三首歌，下載次數甚至只有第二首歌的一半。若能看見這樣的變化，對於數字應該就會有不同的評價。

再舉個例子：假設有位被賦予成為「全壘打王」厚望的棒球超級新星，在進入球隊的前三年，總計擊出三十隻全壘打。有些人看到這裡，或許會評價：「以高中畢業才進球隊的人來說，這個成績還不錯。」然而，如果這三十支全壘打是每年十支全壘打的累積成果，多半就會得出「這位選手幾乎沒有成長」的結論。

由此可知，有時候變化率比總額更能忠實反映現況。

切勿忽略變化的本質

父母或老師觀察孩子的成長時，也必須著眼於變化的本質。即使孩子在某些地方可能做得沒有同齡的孩子好，若能將其數值化，例如做成圖表仔細分析，也許就會發現：「這段期間，孩子的表現雖然停滯不前，但是從這裡開始大幅度地成長，目前也仍在持續成長。」釐清這項事實後，就足以期待孩子未來幾年將成長得更快更好。

這樣的論點，在科學領域稱為「科技奇異點」（Technological Singularity），意指過去平穩發展的數值，通常會在某個時間點突然竄升，不是以加法增加，而是乘法增加，亦即以「等比級數」的變化劇烈提高。就像 YouTube 的播放次數，有時候可能因為某些契機而一口氣增加到一百萬次。如果不去理解是什麼樣的變化達成該總額數值、造成該變化的根本因素為何，很可能會誤判事實。

思維練習
031
推翻

不要引導對方問自己想回答的問題

避免對話發生「冤案」

我在前文第二十八個思維練習中，為各位介紹了「以『總而言之』來開頭，再用一句話說明一切」的方法，不過請注意，這句話的目的並不是想方設法誘導對方，說出自己事先準備好的答案。

有些人會自顧自地認定「你想表達的是這個意思吧」，明明對方一頭霧水，卻擅自強硬地以一句「這件事到此為止」就結束對話。乍看之下或許是「勝利」了，其實是在雙方誤解的情況下結束討論，沒有人能因此得到任何好處。

這就像是警察在偵訊嫌犯時，內心早已認定對方是兇手，於是以誘導方式進行逼供，就此草率地結束調查。這樣的情形如果發生在日常對話，頂多讓產生新創意的可能性胎死腹中；但是換成警察辦案的話，搞不好會引發冤案。

聽別人說話的行為，原本就是以碰撞出自己料想不到的火花為目的。如果問問題的目的，只是為了讓對方說出自己事先準備好的答案，那麼充其量是把對方當成一種「道具」罷了。想也知道，被誘導答話的人一定不會開心，更不可能對不願意探究嶄新可能性的人產生信任感。

找碴的勇氣

越是看似理所當然的答案，越要鼓起勇氣推翻那個答案，催生出新的創意。比方說，若聽到一位男性主張：「我喜歡藍色，畢竟我是男生嘛。」各位不妨故意從「找碴」的角度問他：「你為什麼認為藍色是屬於男生的顏色？」這麼做，或許能顛覆對方的認知，進而對顏色產生不同的想法。

人與人之間的對話必須充滿彈性，時而「找碴」，時而「被對方找碴」。藉由兩者之間的來回碰撞，或許能產生新的發現或想法。

因此聰明人通常很有彈性，善於臨機應變。當他們擔任主持人的時候，即使現場來賓脫稿演出，他們往往也能靈活應對。同樣的道理，當各位察覺會議討論的主題往意料之外的方向發展時，也要懂得如何應對新的主軸。

思維練習

032

循環

越問越聰明的理性思考法

用「假設」與「實驗」導出答案

當工作或私生活出狀況時，解決問題的最佳方法，都從建立「為什麼會變成這樣」的假設開始。

先誠實面對問題，建立「假設」來推論事態為什麼發展至此。接著，再透過「實驗」來進行驗證，觀察所得到的結果。如果這樣還找不到答案，就得再重新建立「假設」，反覆進行「實驗」並「觀察」，或許就能找到答案。

這也是科學式思考最大的原則，就連日本文部科學省（負責統籌教育、學術、文化與體育事務之政府機構）頒布的官方資料中，也強調觀察與實驗對於培養科學式思考的重要性。

提到學校教育中的「科學」，各位腦海中應該都會浮現出物理或化學等科目，但這種思考邏輯並非理科學生的特權，而是能廣泛應用各種領域。

比如說，倘若便利商店的業績不佳，店長就要懂得建立假設，思考「為什麼賣不好」：是商品放的位置不對？服務態度不良？地點不好？還是周邊人潮太少？藉由建立不同的假設，進行移動擺放商品的位置、改善服務態度等實驗，觀察結果。

雖然有些情況難以進行即刻改善，例如就算知道店面地點不好，也不能搬家，但是在盡可能重複「假設」、「實驗」及「觀察」的過程中，想必還是能找到提升業績的線索。

廣泛運用科學式思考

由此可見，科學式思考不限於文科或理科範疇，而是一套能夠活用於各個社會情境的思考方式。上述的便利商店就是最好的例子，簡單來說，各位可以實施問卷調查（實驗）、檢討得到的結果（觀察），並將自己的預測應用在企畫中（假設）……這些做法，都屬於科學式思考的範圍。

聰明人能從客觀的角度，利用科學式的思考導出答案。

思維練習

033

發現

善用提問來激發靈感

重視每個心動的瞬間

各位在生活周遭遇見令自己印象深刻的事物時，不妨把它設計為一道小問題，當作與他人談話的素材。這麼做，將能活化彼此的知識涵養。若是問題的內容夠有深度，相信對方在問答過程中也會深受啟發。

人生在世，心動的瞬間非常重要。如同前文所述，當我們的心情受到感動的時候，知識層面也會受到刺激，記憶力還會變好。聰明人都很擅長挖掘那些有趣的事。

舉例來說，據說非洲有很多國家或地區嚴重缺水，當地孩童得花上半天來回挑水，根本沒辦法去上學。然而，只要對裝水的容器下點工夫，就能大幅縮短搬運的時間。各位一定很好奇，究竟下了什麼工夫，對吧？

答案是「使用能滾動的容器」，亦即改用圓筒形狀的容器裝水，以滾動的方式搬運。如此一來，即使是瘦弱的小孩及女性，也能輕鬆取水。

這則故事在設計思考的創新領域當中，其實是個相當有名的案例。但對於沒聽過的人而言，在得知答案後，想必也會受到啟發。

透過問答，建立你的創意寶庫

如此可知，各位在出題的時候不妨選擇充滿戲劇性的題材，例如「顛覆思考」或「改變既定認知的重大事件」等。當然，這麼做的目的並不是證明自己比對方更有常識，所以千萬別一味地為了出題而出題。

反覆練習的過程中，各位或許能了解到，世界各地處處可見許多人努力與付出的各種成果。如同前文所述，人生是一段不斷經歷努力與付出的過程，而光是透過發想問題、回答問題，就能在接收到知識所帶來的感動的同時，意識到潛藏於世界各個角落的努力及智慧結晶，進而啟發靈感。

不妨記下你平時留意到的故事，轉化成問題，存進大腦中。這些紀錄將會成為你的資料寶庫，或許會在意想不到的地方激發創意，幫你一把。

思維練習

034

舒適感

為什麼你該和一流高手做朋友

喚醒沉睡的潛能

或許各位並不知道，人類絕大部分的基因都處於沉睡狀態。

我曾有幸與日本分子生物學家、筑波大學名譽教授，同時也是《打開開關的活法》作者——村上和雄老師對談。當時他說，人類的基因具有「開關構造」，幾乎所有基因都處於沉睡的狀態。因此只要打開好的基因、關掉不好的基因，就能期待人類的潛能獲得飛躍性的進步。

誕生於一九九六年七月的複製羊桃莉，其原理即是使細胞基因陷入飢餓、給予電擊，透過種種刺激來打開關閉的基因，創造出一隻活生生的羊。

嚴格來說，我們縱然無法在日常生活中達到操控基因的程度，但還是能掌握大腦或內心的開關。

這並不表示我們需要仿效「讓自己的基因處於飢餓狀態」的做法。其實，只要透過與一流的人交流，即可打開自我的潛能開關。

去一趟演唱會或美術館，也可能觸發潛力

在家獨自聆聽喜歡的歌曲，固然是一大享受，但偶爾不妨買張票親臨演唱會現場。一流歌手的現場演唱最能振奮人心，有助於使自己處於打開開關的狀態。除此之外，親身前往尊敬人士的演講會，也是個不錯的方法。

我也建議各位，可以試著去寺廟走走，或是去美術館欣賞繪畫。我就有位學生，在看了原本毫無興趣的抽象畫展後深受衝擊，從此迷上抽象畫。

一流人士具有「讓開關保持開啟」的能力。事實上，當身心處於開放狀態時，那種不斷汲取知識的不可思議感受，是什麼都無法取代的。

思維練習

035

看穿本質

互給建議，共同成長

鎖定具體的重點

提出建議，並不是一種高高在上、教訓他人的行為，而是宛如朋友一起打網球，觀察朋友的球技有什麼優點、哪裡需要改進、反手拍要怎麼加強才好……並將這些觀察簡單明瞭地說給對方聽。

聰明人通常也善於指導別人。提供建議，也意味著一種責任，因此可以強化你與對方的交情，以及雙方對於目標的重視程度。當然，這一點也同樣適用於接受建議的人。

這種情境下，我建議各位可以找個夥伴，兩人共同決定好目標後一起相互切磋砥礪；也可以集結三至四人，以小組的方式進行。

給建議時，重點在於建議本身要具體且切中核心。假如有人的煩惱是「練習武術時，回旋踢老是踢不好」，這時若告訴對方：「打起精神來！」就不是個良好的建議。

武術固然需要強壯的體魄與優秀的平衡感，但是如果能進一步給予對方更具體的建議，例如：「不要只想著轉動身體，而是先意識到轉頭，再把力量傳遞到下半身。」或許對方就能因此突飛猛進。由此可見，鎖定一個具體且直指核心的重點，至關重要。

另外，一次丟出三、四個建議，往往只會徒增混亂。不妨先請對方克服第一道難關後，再提出下一個建議。

注意到不足之處

能給予明確建議的人，通常都具有能注意到對方不足之處的能力。

反之，當自己處於接收他人建議的立場時，重點在於先實踐再說。尤其是經驗老到的人提供的意見，就算當作是被騙也無妨，總之先試試看。事實上，世上有太多聽了建議卻不去做的人。如果試了卻沒有改善，頂多也只是回到原點；但是如果嘗試後獲得理想結果，很可能將因此改變今後的人生。

思維練習

036

鎖定選項

你以為的周到，其實都不必要

省略多餘資訊，給出選擇題

在向他人進行簡報說明的時候，重點並不是全部按照順序逐一講解，而是鎖定聽眾需要的資訊，在有限的範圍內進行說明。

以會議情境為例，你可以這樣說：「資料列出了十個方案，但以現實狀況而言，只有其中三個選項較具可行性。」限縮資訊的範圍，讓與會者只要針對那個部分來思考即可。反過來看，如果逐一講解完全部資料後，才告訴聽眾：「話雖如此，其實我們只有三條路可以走。」與會者肯定大為不滿。

關於這點，我就認識一位非常優秀的人物。他不僅會依照時間順序，用電子郵件報告必要資訊的整體狀況，還會事先為同事與主管聚焦重點：「針對這個狀況，我已經簡化為三種處理方法了，分別是Ａ、Ｂ，還有Ｃ。」

光是這麼做，就已經幫了同事與主管大忙，而他還會進一步把三個選項的可能狀況都設想清楚：「如果選 A 的話，可以有這些好處，但是有這方面的風險，如果選 B 的話……」各位或許會認為，簡報時應該盡量「報喜不報憂」，但實際上，同時告知不利的那一面，在預防日後可能產生的誤解或麻煩時，尤其重要。

不僅如此，他還會針對他最推薦的其中一個方案，進行補充說明，甚至提出優化版本。各位若能將資料滴水不漏地整理、說明到這個地步，相信與會者也只需要花最少的力氣，就能做出「那就採取這個方案吧」的判斷。

資訊也需要經過後製處理

如上所述，原先只有大框架的粗略資訊，在經過縝密的思考推動、刪除不必要的部分後，就會變得更加簡單易懂，只留下三種結果。對其他會議參與者而言，只要比較去蕪存菁後的三個選項，馬上就能決定。

有能力篩選資訊、事先做好功課的人，肯定是聰明人。

思維練習
037
導入

先闡述整體，再指出問題

迷路的人，得先學會看地圖

對於被眼前的問題搞得暈頭轉向的人，不妨先對他們描述整體概況，再告訴他們問題出在哪裡——這樣的溝通順序，非常有效。

舉例來說，假如各位在淺草街頭，要為第一次來東京的迷路旅客指路時，即使要他以眼前的蕎麥麵店為座標，對方也聽不懂。但只要攤開地圖，讓他掌握周遭路線全貌後，再指出「這裡是淺草寺，而這是你的現在位置。你的飯店在這裡，可以從這裡搭車……」那麼，再怎麼不熟悉東京的人，想必都能順利理解。

以無人機拍攝的影片為例，當鏡頭先從上空俯視整個市區，再緩緩下降，靠近其中一戶人家，像是從窗口往屋裡窺探一般，拍攝人物打哈欠的影片時，我們很容易就能從整體的相對位置，來理解影片中的那個人處在哪裡。

當我們在表達的時候，固然可以省略不必要的部分，聚焦於最重要的核心概念；但先以綜觀大局的方式讓對方理解整體狀況，也不失為好方法。

開頭的重要性

以上所提供的表達方式，即是先展示全貌，再逼近核心。不過，如果我們採用相反的做法，也就是讓無人機從窗口緩緩升空，不斷上升，直到足以讓觀眾看見整座街區——透過這樣的拍攝視角，觀眾直到最後都不會曉得原先那位人物在哪裡。但是從另一個角度來說，這種由微觀到宏觀的傳達方式，可以呈現出非常精彩的影像效果。

同樣的運鏡模式，也能應用於寫作。日本國民作家夏目漱石的名作《少爺》，一開頭就從主角「少爺」的第一人稱開始說起：「遺傳自父母的魯莽性子，讓我從小就吃盡了苦頭。」也就是說，這則故事是從主角內心深處的喃喃自語出發，以微觀角度逐步向外展開。在此前提下，如果後續故事是依照時間順序，平鋪直敘進行的話，可能就會破壞作者原先設定的世界觀。由此可見，無論採取哪種傳達方式，「開頭」都是最重要的階段。

思維練習
038
附加價值

多加一句話，讓好感度大提升

大多數人最在乎兩件事：「CP值」與「獨家限定」

與人交談時，往往只要多加一句話，就可以一口氣提升對方的理解程度與興趣。這是因為，在彼此皆有共識且和諧融洽的對話基礎上，若能適時賦予附加價值，就能順利成為促使對方下定決心的臨門一腳。

例如電視購物節目在介紹完商品後，會看準節目看似即將進入尾聲的時機，突然拋出誘人的台詞：「其實！我們今天特別為各位觀眾獨家準備了鍋具贈品！」透過這樣的附加價值，吸引消費者下單。大多數觀眾看到這裡，明明知道這些都是老套的銷售話術，卻還是會忍不住中招，可見這招真的很有效。人其實比自己以為的更容易受到「划算」與「獨家」等關鍵字吸引。

這種「具有附加價值」的思考方式，也能在簡報會議等場合發揮作用。與客戶簡報的最重要目的，無非是宣傳別的公司沒有、自家公司才有的優點。只要能提出「不同於其他公司的豪華提案」，讓對方感受到自己是特別的，那麼就可說是已經成功了一半。

為此，各位必須平時就深入挖掘自家公司的服務特色，找出自身優勢等能夠連結到「划算」的重點。這項能力，也能夠運用於思考某項事物概念的本質。

另外，即使最終礙於預算而無法提供附加價值，但只要各位曾經努力思考過，這樣的態度本身，就足以影響別人對你的評價。

用最有力的一句話打動對方

假設你應邀出席一場婚禮，在接近尾聲的階段，主持人先是照本宣科地為婚禮畫下句點，最後卻突如其來地加上一句：「今天天氣不太好，所以我們準備了雨傘，有需要的人歡迎跟櫃台說。」你聽了之後，會有什麼感想呢？

在最後階段，加上這句令人出乎意料、但非常貼心的話語，想必聽在許多忘了帶傘的賓客耳裡，一定備感窩心。像這樣的附加價值，將大大影響我們帶給對方的印象。

思維練習 039 記憶

創造對話的記憶點

「記憶點」也是一種思考整理

過去一提到「整理術」，各位應該通常會聯想到居家收納或斷捨離等「外部整理」。然而在接下來的時代，整頓腦中思緒的「內部整理」將變得越來越重要。

記憶是個任性的東西。不管自己對這段記憶感不感興趣、派不派得上用場，都會自動儲存在大腦裡。然而，如果記憶中的知識一直處於支離破碎、不具關聯性的狀態，就無法學以致用。

有鑑於此，我建議各位在儲存知識時，為這些知識加上「記憶點」。

至少要有兩個「記憶點」

舉例來說，日本曾有個綜藝節目叫作《老師沒教的事》，某一集的主題是探討「排尿」行為。我從中得知，原來所有動物的排尿時間皆為二十秒左右，無關體積大小。當時，我內心真的深受衝擊。

於是，我在記憶這件事的時候，為這則知識加上兩個記憶點：「人類經過文明的洗禮，排尿時間會隨年齡拉長，這固然是不爭的事實；但人類的大腦深處，依然保留原始的本能」以及「各種動物的排尿時間皆為二十秒」。

如此一來，在與他人溝通的情境下，臨時需要聊些有趣的話題時，我就能立刻分享：「不管是膀胱比人類大很多的大象，還是膀胱比人類小很多的天竺鼠，排尿時間都一樣。」

每項知識，至少要有兩個「記憶點」——這點非常重要。第一個記憶點是「能告訴別人的實用資訊」；另一個則是「能用來博君一笑的有趣資訊」。基本上，「與他人分享資訊」這項行為本身，就是一種輸出知識的手段，因此如果能從儲存資訊那一刻起，就先準備好日後的分享方式，那麼實際表達的時候將會更加順利。

思維練習

040

點子

總而言之，多舉例就對了

舉例能反映品味與理解力

在溝通情境中，如果突然被問到「可以舉例說明嗎？」能夠立刻舉出具體案例的人，即為聰明人。以不同詞彙來具體比喻某種現象的能力，至關重要。

倘若有人經常把「日本人對這個領域的發展程度，完全趕不上國外」這種話掛在嘴邊，不妨問問他：「例如哪些國家呢？」如果對方無法立刻說出具體的國名或地區，表示他對這項主題的理解其實還不夠深入。

我曾聽說某家公司在招募文案寫手時，會在筆試階段要求求職者「舉出十句（或二十句）你喜歡（或討厭）的文案」。由於文案是一種相當需要創意的職業，因此求職者平時所接觸的文化及藝術範疇，將成為能否錄取的重點。

既然都特地來應徵文案職位了，想必現場的求職者都對於撰寫文案抱有基本的熱忱。這時，不妨詢問對方：「具體而言，你認為哪種文案比較好（或比較差）呢？」請對方舉出實際案例，藉此判斷這個人的品味如何。

另一個重點在於，只舉出一、兩個例子仍稍嫌太少；如果不能一次舉出十至二十個具體的例子，就表示他們平常很少接觸市面上的文案。以專業的文案寫手而言，這表示還有很多需要學習的地方。我由衷認為，這真是一道非常厲害的考題。

想了解對方，就請他列出「最愛前三名」

這類問題，也可以應用於一般企業或機關團體。舉例來說，若以「請列舉幾本截至目前，令自己深受啟發的書籍」為題，觀察受訪者列出的清單，就能大致看出當事人的閱讀程度。

如果是完全不看書的人，大概連一本也列不出來；就算是有閱讀習慣的人，如果看的都是一般認為「沒營養」的書籍，也會讓人留下「不夠有深度」的印象。

對此，我建議各位善用「最愛前三名」這項評斷標準。具體來說，不妨問問對YouTube頗有研究的人：「請舉出三支你最喜歡的影片。」如果對方能立刻回答三支有內容的影片，就表示這個人對 YouTube 是真的有研究；如果連一支都答不出來，表示他沒有養成整理大腦資料庫的習慣。若無法舉出好例子，往往就表示對方的表達能力欠佳，不擅長具體地說明。

聰明人的想法總是很具體，開會時也能以「舉例」的方式來進行提案。有了這樣的基礎，會議就能順利進行。

舉例就是一種具體的事物，也是我們所謂的靈感本身。

第3章

深度閱讀的思維練習

思維練習
041
想像力

閱讀是最好的自我投資

從賈伯斯的書櫃，到蘋果的設計哲學

如果想培養內涵，閱讀是最重要也最有效率的方法。

日本知名理論科學家湯川秀樹等眾多科學家都曾表示，他們從小就會閱讀科學領域以外的書籍，例如推理小說或古典小說等，藉此拓廣內心的思維世界。科學家在展開全新研究時，其中一項不可或缺的能力就是想像力；而閱讀有助於培養這份能力。另外，賈伯斯有件相當知名的軼事，即是他曾大量閱讀日本禪僧鈴木俊隆的著作。禪學的精神，對蘋果公司的設計哲學帶來很大的影響。由此可知，閱讀的世界中並不存在「文科與理科」的區別。

現在 YouTube 平台上有許多優秀作品，透過影片及音樂，以淺顯易懂的方式傳達知識，我自己也經常瀏覽。但如果只是看過這些影片，卻沒有深入思考的話，就無法達到像閱讀時那般鍛鍊想像力的效果。久而久之，這份能力恐怕就會退步。

閱讀可以鍛鍊整個大腦

此外，各位還能透過閱讀來完整鍛鍊整副大腦。大腦依據其功能的不同，可劃分為「思考型」、「記憶型」及「傳達型」等區域。你所閱讀的書籍，將決定大腦可能鍛鍊到的部位。

舉例來說，倘若在閱讀過程中，有意識地去深入探討作者的理念或感受，就能鍛鍊到大腦的理解型區域，更容易激發創意；閱讀小說的時候，投入自己的情緒，據說有利於刺激情感型區域，有助於預防失智。除此之外，邊讀邊念出聲音，則有助於刺激大腦的運動型區域；讀到一個段落後暫時闔上書本、回想內容，重複這樣的行為，將能鍛鍊長期記憶。

閱讀不僅能提升我們的知識水準，還能拓展我們對於時間及空間層面的理解，讓心靈更加豐富。所謂內涵，其實就是指心靈與知識處於豐富的狀態；閱讀，能幫助我們成為真正有內涵的人。

思維練習
042
理解構造

好書怎麼選？先看目次！

好看的書，連目次都很精彩

無論是朋友之間的聊天或職場會議，聰明人都懂得迅速掌握溝通的整體構造，並抓出重點所在。不僅如此，他們連在書店選書時，也知道如何在短時間內精準掌握那本書的內容，也就是全書架構。

具體而言該怎麼做呢？重點就在於「瀏覽目次」。目次會透過區分章節，以清楚的標題為讀者整理出一本書的內容，因此一眼就可以看出那本書的寫作架構。事實上，光看目次就能約略理解內容的書，其實是最好的書。

舉例來說，政治學之父馬基維利的著作《君王論》的目次就非常完美，光看目次，就能感受到內容的精彩魅力；以色列歷史學家哈拉瑞（Yuval Noah Harari）的著作《人類大歷史》《人類大命運》，也都是光看目次、就知道內容相當深厚扎實的好書。

活用目次的聰明閱讀法

除了作為判別內容的標準外，目次也能幫助我們決定閱讀的順序。我建議各位在閱讀時不必拘泥於頁次順序，可以先瀏覽目次，從自己感興趣的地方開始看起。小說固然另當別論，但如果是商業書或工具書等非虛構作品，光看目次，我們就能找出比較不感興趣的部分，進而判斷「這裡可以跳過」。

以前面提到的「混亂」與「秩序」為例，虛構小說具有不按牌理出牌的混亂性質，而商業書、勵志書或社科書等非虛構書籍，則屬於有規則可循的秩序。因此只要是非虛構書籍，都能活用目次的力量。

當我們在書店瀏覽架上書籍時，最先映入眼簾的會是象徵著全書內容的書名，然而是書腰上用來補充說明內容的文案。接下來，實際翻開一本書後，我們可以透過「前言」來理解作者本人想透過這本書傳遞什麼資訊，其後則是目次。因此只要看到這裡，就能大致理解這本書的架構。在書店待個三十分鐘，應該就足夠讓各位翻閱五到六本書，並從中挑選自己最想買的那一本。

思維練習

043

世界觀

難懂的書，更要享受「不懂的部分」

看不懂，不是你的錯

每當我們讀到艱澀難懂的書時，往往很容易陷入一種驚慌失措的狀態，甚至會產生想逃離那本書的心情。然而，之所以會「看不懂」，其實可以細分成三種可能：①單純只是因為自己知識量還不夠充分、②書籍內容太深奧，或敘述方式太抽象，導致自己難以掌握其世界觀、③單純只是因為作者的文筆太差、不擅長說明。

針對這些可能性，我認為如果想讀懂專業書籍，就得先具有一定程度的知識；如果作者的文筆太差，除了放棄這本書之外，別無他法。所以我希望向各位特別想強調的，是如何面對②的情況。這時的重點在於放寬心，要懂得享受這種「看不懂」的心情。

盡情投入書中世界吧！

以日本知名童話作家宮澤賢治為例，其作品不像現代常見的商管書那樣，一看就知道這本書想表達的內容。但是那份奇幻又神祕莫測的氛圍，反而是他的作品的最大魅力。例如他的代表作之一《山梨》，直到結局都沒有解釋故事中不斷提到的「ㄎㄨ ㄖㄤ ㄅㄥ」究竟是什麼；《卜多力的一生》也是以現實中不存在的國家為背景，充分刺激讀者的想像力，營造出有如置身於夢境的氣氛。

哥倫比亞作家賈西亞．馬奎斯的巨作──《百年孤寂》，也是以海市蜃樓的村莊為舞台，勾勒出一個捉摸不透的世界，看完甚至會有一種如墜五里霧中的感覺。儘管我們「看不懂」這些書，卻也不妨礙我們從中獲得通體舒暢的閱讀體驗。

所以別害怕看不懂，不妨放心讓自己投入作者一手打造的世界觀。上述這些難以理解的作品，通常讀完後都餘韻無窮。當我們遇見不容易理解的書時，只要單純享受閱讀的樂趣就行了。

附帶一提，你所閱讀的書，與你內心的價值觀不見得總是一致。這時候，不需要勉強自己與書本內容產生共鳴；看不懂、覺得太難的部分，也不用勉強自己理解。接受自己就是看不懂，也是一種閱讀方法。

思維練習

044

信手捻來

好的說書人，都會加上自己的經驗談

結合自己的故事，更能有效閱讀

各位或許有這樣的煩惱：「我很喜歡看書，可是不太擅長跟別人介紹書籍內容……」對此，我建議各位不妨在介紹書籍時，結合自己的親身經歷。具體來說，即是在引用書中的段落後，再加上一則自己的經驗談。

我曾在大學教課的時候，請學生從論語中任意挑選一句話，並說明意涵。有些學生怎麼說都說不好，可是當我建議他結合自己的親身經驗時，居然就能夠流暢地說明了。以「知之為知之，不知為不知，是知也」（註：懂就是懂，不懂就是不懂，這才是真正的智慧）這句名言為例，各位在解釋這句話時，不妨結合自己的青春故事來說明：「其實我也曾經像這句話所說的那樣，有過一段不懂裝懂的叛逆期……」

當我們選擇以這樣的方式來提出說明時，可能因為相關記憶塵封已久而難以清楚解釋，所以不妨從平常養成習慣，一邊閱讀，一邊回想自己有哪些能夠「信手捻來」的經驗談。

這種結合自身回憶的閱讀法，也是一種挖掘過去的自己的方法。由於這麼做的目的是以輸出為前提，所以不僅能強化記憶，還能用自己的詞彙再說明一次，有助於將內容轉化成「自己的知識」。

有共鳴的文字，更能加速輸入與輸出

以下提供各位一個面試小技巧：當面試官詢問你的座右銘時，可別只說出某句名言。如果能加上自己的經驗談，補充說明這句話對你而言的意義，相信面試官也會認為你懂得用自己的方式，將知識納為己用，因而給予你正面評價。

另外，據說在閱讀與自己的經歷或想法相近的書籍時，大腦負責掌管感情的區域將會受到強烈的刺激。所以，假如各位在閱讀《論語》時產生共鳴，認為：「這不正是在說我嗎？」想必會更容易進入《論語》的世界觀。換句話說，選擇與自己相近的書籍，不僅能獲得感動，更能幫助你走進故事的世界。

思維練習

045

填空

隨時想像自己是書中人物

你能說出比偵探馬羅更帥氣的台詞嗎？

當書中人物說出令自己印象深刻的台詞時，一邊閱讀，一邊認真思考：「換成是我，會怎麼說呢？」這可說是讀書的一大樂趣。

菲力浦·馬羅，是美國作家雷蒙·錢德勒筆下的「冷硬派」私家偵探。故事中，曾有一位女性問他：「像你這麼強悍的人，為何如此溫柔？」他的回答是：「人要強悍才能活下去，但人如果不溫柔，連活下去的資格都沒有。」

有人能想出比這更精彩的台詞嗎？各位不妨用手遮住馬羅的這句話，試問自己：「如果是我，該怎麼回答？」當然，恐怕很難想出超越這句話的名言。由此可以看出，這部作品的厲害之處，正在於作者用字遣詞的敏銳度。

想像你是《灌籃高手》的安西教練

漫畫也一樣，以籃球為題材的知名漫畫《灌籃高手》，最經典的台詞幾乎都來自於籃球隊教練——安西教練的口中。各位不妨將教練的對話框塗白，試著填入自己的想法：「換成是我的話，會說些什麼話來激勵球員？」

你能想出足以與「現在放棄的話，比賽就結束了！」匹敵的台詞嗎？另外，當主角櫻木花道在賽前準備迎戰強敵時，你能像安西教練一樣語出驚人：「原來你也有害怕的東西嗎？」並給他一記妙傳，瞬間化解這位主力球員的緊張感嗎？

優秀的作品特徵，就在於每位人物的台詞都相當精準到位。各位在看到這些犀利的台詞時，可別只是草草帶過，這時請暫時停止閱讀，在心中反芻那句話。

附帶一提，如同前文第七個思維練習提到的「實際念出聲音」的效果，若這時能刻意念出台詞，相信對那句話又會有不同的理解。每部作品的故事精華，都濃縮於在登場人物的台詞中。請從各種不同的角度細細品味、樂在其中。

思維練習

046

自信

相同類型的書，先從艱深的看起

只看簡單的書，會削弱理解力

選書的時候，我猜很多人都會從淺顯易懂的書開始看起。出社會工作後，為了了解經濟或金融的知識，如果看到標榜「一本書帶您掌握！○○入門」的書籍，各位大概會毫無抵抗力，不做任何功課就開始看了起來。我無意全面否定這樣的做法，只是想讓各位知道，刻意從程度比較高的書開始閱讀，也是一種方法。

閱讀不同於看 YouTube 影片等被動式的學習行為。從自行吸收知識的角度來說，閱讀屬於一種主動行為。想當然耳，閱讀時需要極高的專注力，因此我也能理解有些人想降低門檻，看一些淺顯易懂的書的心情。然而，如果只看簡單的書，久而久之會降低理解力，注意力也會越來越難集中。

就像品嘗美食一樣，我們在判斷一道料理好不好吃時，口感也是不可或缺的一項標準。如果食物煮得太過軟爛、入口即化，久而久之不僅會降低人的咀嚼能力，也無法嘗到食物原本的美味。

所以，請適時勉強自己去看一些程度較高、較難的書。看到不明白的地方，就努力上網搜尋資料，或是利用本書介紹的「三色原子筆法」或「圖像化」方法，試著全神貫注地看完一本書。這麼做或許會讓你累得不成人形，但閱讀過程中也可能激發前所未有的驚人專注力。更重要的是，這將會大大增強你的自信心。

接觸真正的知識，拓展智慧

看完一本艱深的書，就像是與強大的敵人當面鑼、對面鼓地纏鬥八百回合一般，讀完將感受到無可取代的痛快與充實，並能確實將書中知識化為自己的內涵。這時，若再打開寫給初學者的書，就能一股作氣地看下去，你或許還會驚呼：「怎麼這麼簡單？」這樣的做法具有充分複習的效果，有助於牢牢地記住那些知識。

欣賞藝術也是相同的道理，不要偏重於流行的次文化，也要廣泛接觸古典畫作或古典音樂。亦即盡可能接觸更正統的知識來源。

思維練習

047

寫下來

比起讀書心得，你更該練習寫文宣卡

令人怦然心動的書店文宣卡

即使是熱愛閱讀的人，如果要求他：「請撰寫一篇閱讀心得，來確認你對這本書的理解程度。」想必大多數人還是會把這當成是件苦差事吧？這種時候，我推薦各位試著製作書店常見的「文宣卡」。有時候，假如書店店員撰寫的文宣卡夠吸引人，甚至能讓一本書一舉大賣。

最近日本國中小學也引進了「製作文宣卡」的課程，也就是請學生透過一張小卡片，介紹自己從圖書館借閱的書籍；政府單位甚至還舉辦了全國性的文宣卡大賽，並將得獎作品張貼於官方網站上，其中可以看到許多富有創意的文案及有趣插圖。

我們也要向小朋友看齊，試著將自己看過的書，以文宣卡的方式進行整理成。各位或許以為，這麼做會比寫讀書心得還簡單，但是要用精簡的文案或插圖，將整本書的內容濃縮在一張小卡片上，其實意外地困難。

簡化、整理、說明

要怎麼做，才能讓逛書店的讀者湧現「想翻翻看這本書」的心情呢？另外，站在書店的立場，要怎麼做才能讓客人願意掏錢買書呢？

光是在卡片寫上「內容很有趣，請務必一看」，是絕對行不通的。各位必須仔細鑽研如何具體表達這本書別具特色的吸引力，才能看見真正該強調的重點，例如：「該鎖定哪些客群？」「看完本書後會產生什麼變化？」「能為讀者帶來什麼好處？」

搞清楚這些重點，再列出所有你能想到的文案或關鍵字，不必在乎文筆優美與否。各位在親自嘗試後就會明白，即使是乍看不怎麼樣的詞彙，也可能刺激我們聯想到更好的關鍵字；一旦開始嘗試，甚至能陸續想出十至二十個詞彙，我們只要從中鎖定幾個最吸引人的關鍵字即可。

思維練習
048
情緒

放感情去讀，輸入更有效

輸入與情緒是連動的

資訊的輸入，會與情緒連動；心情越積極正向的時候，所留下的記憶就越清晰。我們曾在第一章介紹過，各位在收看新聞的時候，不妨一邊帶入誇張的情緒（例如「好厲害！」「好辛苦！」）一邊進行輸入，閱讀也是同樣的道理。放感情去讀書，可以讓輸入的資訊牢牢地記在腦子裡。如果以感性的角度閱讀小說，則更能深刻地感受到小說的完整世界觀。

日本農學博士兼發酵學者——小泉武夫教授，曾出版過許多與「發酵食品」有關的書籍，我有一段時間非常著迷於他的作品。那段期間，我都會一邊拜讀他的大作，一邊在內心吶喊：「微生物的分解也太神奇了吧！」如果是閱讀與動物行為學有關的書，我則會邊看邊驚呼：「什麼？南極的皇帝企鵝為了繁殖，竟然遷徙長達兩百公里？」「氣溫零下四十度？也太冷了！」

我曾有幸與知名作家、芥川獎得主又吉直樹先生對談。他的得獎作品《火花》，是從描繪夏日廟會響徹雲霄的太鼓聲響來拉開序幕。各位在閱讀這樣的作品時，即可試著帶入自己的感情：「哇！太鼓的聲音震動了大地！」

小說能讓你成為情感更豐富的人

從帶入感情的角度來說，虛構小說其實比非虛構書籍更容易讓人產生移情作用。畢竟，我們大概很難一邊閱讀介紹財務報表的商業書，一邊誇張地驚呼：「原來如此！損益表記錄了五種獲利啊！」但若換作是日本知名作家谷崎潤一郎的小說《春琴抄》，我們就能相對容易地想像自己是書中那位小學徒佐助，為他一掬同情之淚。

無論是什麼樣的書，如果只是漫不經心地瀏覽而過、把它當成冷冰冰的資訊的話，都無法讓思考變得更深入。相對地，前面提到的這些作者，都是因為深知閱讀需要同時投入腦力和心力，才能寫出感動人心的作品。即使是平常很少為任何事感到怦然心動的人，也能藉由這個方法來培養好奇心。

思維練習

049

立場

邊讀邊吐槽，是最好的思考練習

狠狠吐槽哲學家與大文豪吧！

有個閱讀方法，是模仿搞笑藝人表演段子的態度，在閱讀的同時，毫不留情地「吐槽」書中內容——看到這裡，各位可能會嚇一大跳吧？但這其實是個非常有效的方法。

閱讀本身是一項單純的行為，所以很容易流於一成不變。邊看邊出聲吐槽，其實是一種擺脫單調閱讀的方法。下次看書時，各位不妨邊看邊對著書本大喊：「怎麼可能？」

德國哲學家尼采過世後，其自傳《瞧，這個人》才終於出版，並且大受好評，被視為闡述尼采哲學思想的巔峰之作；但另一方面，也有人覺得尼采在這部自傳中「把自己捧得太高了」「態度過於主觀」。附帶一提，書名所提到的「這個人」，

指的正是尼采本人。

別被偉人的價值觀牽著鼻子走

然而，尼采確實留下許多寓意深遠的名言，這本自傳也是一本優秀的傑作，這點絕對無庸置疑。實不相瞞，我個人就曾寫過一本專門分析尼采名言的作品：《尼采座右銘：教你培養突破現狀的能力》。

話雖如此，偉人畢竟多半是不同於凡人的天才，因此以當下的價值觀來看，有時候確實會覺得他們的思考太過極端。我們不必勉強自己服膺天才的想法，反而可以提出反對意見，練習獨立思考。

思維練習

050

想像

隨時預測接下來的劇情發展

經典名著，永遠超乎讀者想像

依據目前正在閱讀的章節，推理、預測劇情接下來會怎麼發展——這是擺脫一成不變的閱讀模式、讓腦筋充分運轉的好方法。

例如在閱讀推理小說時，一旦書中出現看似可疑的人物，讀者通常都會預測：「這個人想必是關鍵人物！」推理小說固然是相當典型的例子，但就算是閱讀純文學或歷史小說等各類型書籍，各位基本上都能採用這種邊閱讀邊預測的方法。以村上春樹的小說為例，劇情經常會出現令讀者跌破眼鏡的反轉，因此可以透過邊預測邊閱讀的方式，最後享受到令人心滿意足的讀後感。

基本上，能夠譽為經典名著的書籍，劇情走向往往都會比我們這些凡人所預測的更精彩。例如日本大文豪芥川龍之介流傳後世的名作——《竹藪中》，是以強盜與被強盜殺害的武士夫婦、發現屍體的樵夫等角色的證詞為基礎，推動故事的發展，透過一而再、再而三令人跌破眼鏡的反轉，最後將讀者的思緒拉進深不可測的迷宮裡。

黑澤明導演根據這則故事，改編為電影《羅生門》，一舉拿下威尼斯國際電影節金獅獎，獲得極大的迴響。在電影的推波助瀾下，相信全球眾多觀眾及讀者，都曾經歷過深陷於那份獨特世界觀的體驗吧。

預期失準也沒關係

反覆閱讀同一位作家的作品，應該就能逐漸釐清文章的脈絡，預測劇情的命中率也會跟著與日俱進。話雖如此，不見得每次預測都能百發百中，而猜中也不代表成功。畢竟，深受劇情走向感動，並充分沉醉在讀後的餘韻之中、藉機深入思考——這才是閱讀的目的。

換句話說，假如你所預測的劇情走向命中紅心，固然值得高興，但就算完全猜錯，也可以享受與作者之間「來回過招」的互動。如此一來，你將能逐漸深入作者的內心世界。這樣的閱讀方式，能帶來好幾十倍的喜悅。

思維練習
051
分解

好標題的魅力無窮

絕妙的標題，能把你吸進書中世界

書本的內文標題，基本上皆由編輯所構想。優秀的編輯，通常也擁有優秀的下標能力。

遇到令人眼睛為之一亮的標題時，會讓人忍不住想要驚呼：「好厲害！」我平常閱讀的時候，也會邊看邊給予評價：「這個標題下得真好！」「普普通通。」如此一來，就能同時體會到作者與編輯所付出的心力。

巧妙的標題，具有光看到就能了解大致內容的力量。因此讀者在看到吸引人的標題時，自然也會對書中內容感興趣。

事實上，標題的歷史由來已久。

西班牙作家塞萬提斯的名著《唐吉軻德》，素有近代小說始祖的美譽。書中章節編排十分清楚，讀者光看章節標題，就能理解：「哦！原來這本書在描寫這樣的冒險啊！」進而對內容產生興趣。標題就是有這麼大的魔力。

有個英文名詞是「facilitator」，意思是「推動會議的人」。從具有推動劇情或故事走向的力量來看，書中的各個標題，或許也可以稱為「facilitator」。

想像自己是位編輯，換你來下標！

各位在實際閱讀的時候，不僅可以多加留意書中標題，也可以邊看邊試著想像自己會怎麼下標。

例如我在閱讀法國哲學家梅洛龐蒂的著作《知覺現象學》時，會一面對照法文原著，一面構思實際上並不存在的小標。這麼一來，就能理解冗長又難懂的文章了。

由此可知，邊下標邊閱讀的方法，有助於我們理解內容，在閱讀較為艱澀的書籍時特別有效。

思維練習
052
潮流

觀察書市趨勢，能帶來意外收穫

趕流行要趁早

當市面上出現引爆話題的新書或音樂時，最好看準最當紅的時候，趕緊收看、收聽。

現在或許已經很少人在讀法國經濟學家湯瑪斯．皮凱提所著的《二十一世紀資本論》了。但是在這本書的原作在二〇一三年推出後，可說是暢銷全世界。我當時也買了一本回家看，並且深受感動。

像我這種當時就看完全書的人，即使現在被問到：「那是一本什麼樣的書？」也還是能夠侃侃而談：「簡單來說，那本書是以全球性調查為依據，以此論證，近年來投資比工作還更能增加資產。」但是如果自己沒有搶在最流行的時候閱讀，現在應該也不會想要看了。

流行歌也是相同的道理。打個比方，假如有人最近才開始聽米津玄師的暢銷歌曲〈Lemon〉，許多人大概都會為他感到可惜，認為「要是能早點在連續劇播出時就聆聽（註：〈Lemon〉為日劇《法醫女王》主題曲），肯定會更有感觸！」畢竟，當我們置身於時代的氛圍中，流行的事物本身也會讓人感到格外美好。

流行一定有理由

有些人或許會抱持這樣的意見：「現在的流行實在太淺薄了，我不喜歡。我比較喜歡老作品。」當然，過去確實存在許多優秀的古典作品。儘管如此，我仍建議各位積極地擁抱流行。原因就如前所述：這麼做，可以從時代的氛圍中感受到事物的變化。

流行一定有理由。一邊接觸時下趨勢，一邊思考這些事物的吸引人之處，肯定就會有新發現。正因如此，若能在流行的當下就趕緊去了解，當然最為理想。

再者，了解流行的事物，還能增加有共同話題的朋友，進而讓思考更深入，也可以接觸到新概念，可說是好處多多。

思維練習

053

滿足感

透過重點試閱，達到看完整本書的效果

太難讀？不妨先看重點就好

各位在閱讀艱深書籍時，不需要勉強自己全部看完，可以只看最重要的部分即可。我稱這種做法為「精準閱讀」。

舉例來說，我們在品嘗高級和牛時，很難一次吃完所有的部位，但光是品嘗最高級的夏多布里昂牛排部位，感覺就像是大啖整頭牛的美味之處了。

同樣地，面對那些艱深難懂、讓人幾乎看不下去的書，不妨閱讀最重要的部分即可。這麼做的效果固然無法等同於看完整本書，卻已足夠得知作者最想傳達的資訊。如果是小說，只讀最重要的部分，也能讓你獲得如同深入故事核心般的滿足感。

具體而言，各位不妨先找出書中最重要的部分，找到以後再以畫線方式快速閱讀。有些書籍的開頭會附上導讀，而這正是能幫助我們抓重點的關鍵，因為導讀通常會引用許多原著的精華段落。

因此，請先看閱讀導讀或前言。讀完精華段落後，如果覺得這正是自己需要的書籍，再去逐一對照後續的正文，逐一畫線、實際閱讀。光是這麼做，就能帶來看完一本書的感受。

外文書也能善用「精準閱讀」的力量

將這種精準閱讀的手法應用於外文書時，更能提高滿足感。具體來說，可以先用原子筆為中文版畫重點，再用同一枝原子筆為原文書畫重點，按照這樣的方式持續看下去。光是這麼做，就能獲得彷彿看完原著的成就感，令人心滿意足。

我在攻讀研究所時，就經常實踐這項做法。例如德國哲學家海德格的著作《存在與時間》，是一本非常複雜難懂的書，要用德文從頭看到尾實在太困難了，所以「精準閱讀」就顯得格外有效。同理可證，各位在遇到困難的內容時，也可以試著用這種方法，廣泛接觸各式各樣的經典名著。

思維練習
054
閱讀體驗

試著買一本不感興趣的書

看似與你無關的書，其實藏著新知識

大多數人在書店選書時，往往都會以自己喜歡的作者或感興趣的類型為標準。但是，偶爾請試著突破自己的框架，把手伸向過去從未留意過的書籍。此舉將能大大地拓展你的世界觀。

如果是常去的書店，請走到平常不會去的書系類別，肯定能親身感受到，世上其實有不少跟自己喜好不盡相同的讀者。虛構小說也好，非虛構實用書也罷，不管有沒有興趣，它們或許都會是讓你得到全新領悟的鑰匙。

買下不感興趣的書籍後，不一定要仔細詳讀；可以直接把書帶進咖啡館，用三色原子筆快速畫出關鍵字，花個三十分鐘跳著看也沒關係。光是這樣，就算是完成了「任務」。

即使選錯書也沒關係

順帶一提，我們有時候難免會依賴第一印象買下某本書，之後卻懊悔「買錯了」。但即便如此，我認為大可不用放在心上。畢竟，偶爾稍微跨出舒適圈，讓自己接觸這些原本與自己無關的知識領域——這份體驗，一定會留在你的大腦和心中，甚至可能會影響到你三年後的想法，因而形成某種創意的契機也說不定。

就算選錯書又何妨？希望各位都能遊刃有餘地享受有別於平時的閱讀體驗。

思維練習

055

商量

別人的推薦書單，都是拓廣知識的機會

別人推薦的書，先看再說

有人推薦你某本書時，請先不管三七二十一，先讀再說。這麼做肯定能帶來嶄新發現，拓展自己的知識領域。

我經常閱讀日本娛樂雜誌《周刊SPA!》，該雜誌的最後一頁有個「人生諮詢室的單元，由日本前外務省主任分析官、作家佐藤優先生，負責回覆讀者的疑難雜症，非常有意思。

佐藤先生會以誠懇又真切的筆觸，回答他所收到的每一則投書。光是做到這一點，就已經能為讀者提供非常扎實的見解了，而他還多下一道工夫，每次回答完問題後，都會介紹一本其他作家的書。

並不是每個人都有這份雅量，能在接受讀者諮詢時，推薦他們其他作家的作品，而非自己的。當然，佐藤先生也會提出自己的意見及論點，以此為基礎，寫成專欄文章。

一想到他的閱讀量之大，以及他為了介紹一本書，還得具備撰寫相關文章的能力，我就不禁佩服得五體投地。

每一位找他商量人生煩惱的讀者，在看完他介紹的書後，應該都會有所領悟。由此可知，他人推薦給你的書單，往往具有特別的意義。

找信任的親友推薦書單

我建議各位，不妨找自己信賴的周遭人士推薦書單。可以是家人，也可以是朋友，即使他們可能不像佐藤先生那般具有優秀的傾聽能力或敏銳的觀察力，也無所謂。只要你信任他們的眼光及品味，就不妨親自問問。

另外，即使不是生活周遭的熟人，你也可以看看知名企業家、運動選手等成功人士的推薦書單。就算看完之後沒能獲得特別的體悟，也可以從中思考那個人推薦這本書的原因，藉此提升閱讀的價值。

思維練習
056
知識

圖鑑書能讓你快速掌握事物概念

按圖索驥，加速學習

如同我在前文第四十二個思維練習所介紹過的，聰明人都具備迅速掌握整體結構與重點的能力。閱讀小說等文學作品時，或許不適用透過目次快速抓重點的方法，但是在閱讀自己從未接觸過的領域相關書籍、以獲取知識的時候，不妨先掌握全貌，再深入細節。

這時我特別建議各位挑選圖鑑書。別在意自己的理解程度，總之先試著動手翻閱、一路瀏覽到圖鑑的最後一頁為止。圖鑑的內容以圖片為主，即使只是草草看過，也較容易留下圖像是記憶。

此外，當我們在獲取新知時，閱讀長篇大論無疑是件苦差事。相較之下，圖鑑是以「圖片、照片、插圖」等圖像所構成，因此可以從中輕鬆地獲取知識。淺顯易懂的圖鑑，最適合用來初步掌握全新領域的全貌。

參考書，也是一座知識寶庫

除了圖鑑，各位也不妨善加利用參考書等課外讀物。例如學校課堂上使用的國文或歷史參考書中，就充滿大量有助於學習的基礎知識，價格卻相當低廉。可見參考書其實是個相當理想的資訊來源，能以經濟實惠的價格獲取非常有價值的知識。

至於我為何推薦課外讀物，而非教科書呢？因為課外讀物跟圖鑑一樣，都經過豐富又有趣的用心設計，光是翻閱就樂趣無窮。且參考書的內容也極為講求正確性，因此多半是許多一流學者嘔心瀝血、化繁為簡的智慧結晶。

另外，由於全國各級學校都會採購參考書，在大量印製、流通的背景下，才能賣得比一般書籍更便宜。我認為，光是每個領域都買一本課外讀物來研讀，就足以讓你成為博學多聞的人。

思維練習
057
意識

看電影時，想像自己是位專業影評

評論的力量，足以改變觀影印象

這個時代，人們不需要特地去一趟電影院，在家裡或甚至在通勤路上就能看電影。電影成為隨時隨地都能輕鬆觀看的事物，甚至還衍生出「邊做家事邊看電影」「沒事做的時候，隨便看部電影打發時間」的現象。但我建議各位，最好還是要以「看完電影後，要撰寫影評」的認真心態來觀賞作品。這麼一來，你的觀影體驗將會與前述狀況截然不同。

以發表評論為前提來看電影時，你會為了記住精彩畫面而更認真地觀賞，也會邊看邊思考劇情架構及登場人物的心境。換言之，相較於單純看電影紓壓的情境，你將會更深入了解那部作品。

再說，發表評論就意味著與他人分享自己喜歡的場景或印象深刻的劇情，像是「這一幕非常好笑」「那位演員的演技十分精湛，令人動容」等。如此一來，還能鍛鍊出更優秀的觀影品味。

如果打算寫出足以刊登在雜誌專欄的影評，那麼在描述電影的魅力的同時，還得小心不能劇透。在這樣的前提下，將更能提升個人表達感想的能力，以及篩選精彩場景的眼光。

電影院的體驗，無可取代

除此之外，與他人分享感想，也能幫助你更不容易遺忘電影的內容。為了使自己成為具有內涵的人，廣泛接觸小說或電影等娛樂作品，就顯得格外重要。

隨著科技發展，現在用手機就能輕鬆地觀看電影。即便如此，我希望各位千望別忘了在電影院觀影的獨特感受。

就算不去電影院，也可以在家營造這樣的體驗感。像是將手機連上電視，用大螢幕看電影；看電影時關緊門窗，不讓任何人進來；或是調暗房間的光線等等。在家觀賞電影時，若能把住家空間打造得跟電影院一樣，將更能投入於作品之中。

思維練習
058
價值觀

把最精彩的段落朗讀出來

故事的高潮轉折

能稱之為傑作的作品，都具有精彩絕倫的高潮起伏。我們能在字裡行間感受到作者投入的全副心力，因此字字句句都洋溢著熱情。

另外，故事的高潮處處，往往蘊含著作者想要傳遞的重要訊息。當我們讀到這些高潮轉折的劇情時，請好好珍惜這些文字，閱讀時請帶入「這一頁是作者最寶貝的心血結晶」的心情。

閱讀畢竟是一種沉默的行為，但是為了更深刻感受作者投入的心血，我建議不妨把那段文字親口念出來。就像「靈媒」會讓鬼神靈魂附身於自己，藉此與前來問事的親屬對話一樣；我們也可以藉由發出聲音的行為，讓作者的心神與靈魂附身到自己身上，感覺就像變成作者的「靈媒」。

如此一來，就能更感同身受地深入品味那篇文章；更深刻地體會到作者嘔心瀝血的創作結晶。

透過朗讀感受作品的臨場感

為了使自己的思維模式更上一層樓，除了培養自我內涵以外，養成「多方體驗各種事物」的習慣，也很重要。你的親身經歷，將會成為形塑屬於你的價值觀的重要元素。

然而，日常生活中其實並沒有太多讓你體驗到新事物的機會。正因如此，在閱讀時要盡可能地以「創造全新體驗」為前提，刻意選擇不同主題的作品。

我特別推薦在作品的尾聲，挑選兩頁最精彩的部分來朗讀。

請各位思考整部作品中最動人心魄的段落，並擷取下來。這樣的段落往往會出現在故事的高潮轉折處，光看大綱難以感受其震撼力。試著朗讀這樣的文字，將會對作品更有感觸。

思維練習
059
心弦

為自己規畫「每月主打作家」

透過閱讀，改變生活形態

我已在本書反覆強調，若想提高自身涵養，閱讀小說是個很好的習慣。至於什麼樣的閱讀方法，能夠更有效提升涵養呢？我建議各位不妨自訂「作者月」，也就是在一整個月內，鎖定閱讀某一位作者的作品。

在常見的各種思維練習中，「速讀」固然是個加速頭腦運轉的方法。但是在閱讀小說等文學作品時，以快速瀏覽的方式來囫圇吞棗，其實有點可惜。細細品味一位作者的作品，更有助於加強自己的涵養。

不妨以一個月看十本書左右為標準。請每天隨身攜帶那位作者的作品，利用通勤時間或零碎空檔，一次看一點點。這麼一來，精神上就會自然建立起「日常生活」與「閱讀生活」兩大主軸。換言之，在急流般洶湧湍急的繁忙日常之外，我們依然能擠出如涓涓細流般寧靜悠哉的私人時間，好好閱讀。

邂逅你的「真命天書」

為何要以月分為單位來自訂「每月主打作者」呢？這是因為，花費一整個月的時間細細閱讀，才能讓自己充分融入那位作者的文字與筆觸。

此外，一整個月只專注閱讀同一位作者的作品，就必定能接觸到那位作者相對較冷門的作品。如此一來，儘管不是那麼赫赫有名的作品，也能從中遇見令自己印象深刻的段落，或是撥動心弦的文章。這些珍貴的文字，正是為自己奠定獨特底蘊的關鍵。因此不妨養成好習慣，花一個月的時間好好鑽研某位特定作者的作品。

大概也有人認為：「我可沒空花一個月看好幾本書。」但仔細盤點會發現，每天的行程中其實潛藏很多意想不到的空檔。千萬不要還沒做就放棄，請先試著為自己訂定為本月的「主打作者」。

思維練習

060

認識力

誰說文科腦不能讀理科書？

理科世界，其實充滿感性的驚喜

大多數較擅長文科領域的人，想必會對自然科學等主題的書籍避之唯恐不及吧。但這麼做，等於是自願放棄獲得知識的機會，實在太可惜了。

假如你自認為有個「文科腦」，不妨勇敢踏入科學的世界，相信這會讓你的知識範圍及世界觀更加充實。請試著拿起過去從未深入接觸的地球科學、天文學、生物學等書籍。不妨讀讀看寫給兒童的宇宙叢書，這些書籍皆由淺顯易懂、圖文並茂的解說構成，大人也能充分地樂在其中，從中感受到宇宙的奧祕。

科學家的推薦書單

除此之外，理科相關書籍也活躍於教育現場，被認為是最適合用來激發孩子好奇心的讀物。日本甚至有個全國性的推廣活動，名叫「理科閱讀運動」。日本知名的理科教育研究者——瀧川洋二，在他的著作《開始閱讀理科書：培養孩子好奇心的十二把鑰匙》當中，介紹了許多「理科閱讀運動」的成果，以及他個人的推薦書單。

日本自然科學綜合研究機構——國立理化學研究所，自二〇一七年起，每年都會透過推薦書單來推廣科學的趣味性及思考邏輯，這項活動的名稱是「科學道一百冊」。該機構也會在官方網站上，同步介紹物理學博士、分子生物學博士、宇宙射線專家等科學家推薦的書單。

觀察書單後可以發現，科學家不只會看理科書籍，甚至還會廣泛涉獵《哈利波特》、柏拉圖的《蘇格拉底的申辯》、法蘭茲．卡夫卡的《城堡》等多元領域。據說人的理解力、與知識量成正比，因此請不要因為認定自己是「文科腦」就畫地自限，而是勇於閱讀琳琅滿目的書，吸收各式各樣的知識。試著閱讀過去敬而遠之的書籍，相信各位的認識力也會出現一日千里的進步。

思維練習
061
記憶

每個主題，選五本書來讀

選擇五本主題相同的書

透過閱讀獲得知識時，重點在於「反覆閱讀」。同一本書當然可以重複看好幾次，但如果看太多次有點膩了，不妨換個方向，閱讀五本屬於同一個主題的書。

看完五本相同主題的書時，對於該領域的知識肯定能有更深入的了解。或許看到一半會覺得「怎麼又在講同樣的東西」，但這麼做有助於記住那些知識。

如同我在第五十六個思維練習中說過的，在接觸全新領域時，重點在於要先「掌握全貌」。乍看之下，逐字逐句地經讀文章，固然是相當扎實的學習方式，但對初學者而言，這麼做很容易讓人覺得自己遲遲沒有進展，因此容易受挫。面臨自己並不熟悉的全新的領域時，要快樂地學習才能堅持下去，所以最好嘗試閱讀各種不同的書。

以閱讀鍛鍊內涵

不需要牢牢記住一本書的內容，甚至讀完後馬上忘記大半也不要緊。因為學習的目的並不是全部背下來，就算已經忘記書中的內容，閱讀這項行為，依舊能在無形中鍛鍊內涵。

舉例來說，可以藉由反覆閱讀某個領域的書來學習那個領域的思考模式。只要能理解「這本書的作者在想什麼」「原來在這個領域是基於這個理論對事物抽絲剝繭」，就能以此為線索，培養從新的角度看事情，進而學會「像這種時候，要用這種思考模式來判斷」。反覆閱讀，可以鍛鍊我們的內涵。

閱讀是一種相當有效的學習方式，可以幫助我們從文字分析作者的想法，並將作者的想法內化成自己的養分。透過閱讀行為所鍛鍊而成的思考能力，將會長久停留在記憶裡，成為內涵的抵禦。

思維練習

062

理解

與人分享感想，才算讀完一本書

檢驗自己是否真的懂了

為了讓看過的內容確實變成自己的知識，看完一本書後，將自己的心得感想講給別人聽，是很有效果的做法。如果想正確地說明內容，腦中資訊就不能是一盤散沙。必須將你所看到的資訊整合起來，有系統地重新組織，才能讓對方明白自己想表達什麼。

這時，不需要按照目次順序來說明書中內容。反過來說，如果能串連起不同章節的內容，再加上自己的經驗談，反而更容易讓讀過的內容，變成自己的知識。

分享感想的時候，可能會察覺到自己還有些地方沒能完全掌握。舉例來說，假如你整理了三點感想，卻發現自己對於第二點的理解還不夠清楚，那麼第一點和第三點之間就會缺乏連結性，聽在別人耳中就會顯得含糊其詞、牛頭不對馬嘴。

此外，數據及證據也很重要。與其口說無憑：「那家公司賺了很多錢。」不如加上「業績成長到年營業額兩億元」等數字，就能增加說服力；探討兒童貧困的問題時，也別只是說：「很多孩子在經濟上處於弱勢。」而要懂得具體說明：「在孤兒院長大的小孩，只有百分之十二的人能上大學。」這樣的描述方式，更能讓對方深刻地了解到問題的嚴重性。

同樣地，向別人分享感想時，千萬別忘了加上數據資料。

以分享為前提的閱讀

以上方法並非僅局限於閱讀書籍，假設各位看完財經雜誌後，想和同事討論相關議題，也一樣適用於這樣的輸出方法。有些時候，明明才剛看完關於「日本銀行的長期利率政策」的報導，實際跟朋友討論時卻說得牛頭不對馬嘴。仔細想想或許會發現，自己並不是忘記報導內容，而是根本連利率分成「名目利率」與「實質利率」兩種類別的基本常識都不具備。

只要練習與他人分享自己看過的書，或甚至只是單純在腦中模擬自己分享時的模樣，就可以幫助你檢驗那些知識，是否真的已經內化為自己的養分。

換句話說，在最初的閱讀階段，就得先預設自己日後將會與人分享感想。這樣的前提，將有助於記住你所吸收的內容。

觀賞電影時也一樣。如同前文所提到的，會在部落格寫下觀影感想的人，是以輸出為前提來看電影。因此即使離開電影院後，當他們回到家中、坐在電腦前，也能正確地回想起整部電影的架構，以及自己印象深刻的畫面——因為他們本來就是抱持認真的心態看電影。相較於漫不經心的觀眾，他們的理解自然會更加深刻。

這正是輸出的影響力。為此，各位不妨一邊閱讀，一邊想像之後要如何告訴別人自己所看到的內容。亦即以輸出為前提來閱讀，以此深化你的理解程度。

第4章

潛能激發的思維練習

思維練習
063
樂觀

正面思考，真的有效！

你就是自己心中的那把尺

絕大多數的人，都很在意別人怎麼看自己。可是如果太在意別人的眼光，心態就會失衡，容易陷入自我質疑的悲觀思維中。

為了讓思考順利運作，調整好自己的心態十分重要。當我們意志消沉、壓力過大時，腦筋很容易轉不過來。為了讓頭腦保持在健康的運轉狀態，我們必須隨時調整好心態。

如果太過容易受到別人的評價影響，就很可能會傾向於貶低自己，甚至陷入負面情緒中，認定自己「就是個沒用的人」。積極思考的祕訣，就在於建立正確的自我評價。你就是自己心裡的那把尺，不管別人怎麼說，都別輕易改變你對自己的想法。內在心靈其實就像腸胃等器官狀態一樣，重點在於要讓自己隨時處於穩定的狀態。

刻意樂觀

聰明人多半都是能正面思考的人。此處所說的正面思考，並不是指天生樂觀的性格傾向。畢竟，即使是生性悲觀的人，也還是可以秉持扎實且正向的心態來面對工作。因此重點在於想法夠不夠正向，無關乎天生傾向樂觀或悲觀。

天生悲觀的人也能養成習慣，在採取任何行動時催眠自己：「一定沒問題的！」重點就在於，要先以悲觀心態來擬訂嚴密的計畫，再以樂觀心態去執行；在以悲觀心態擬訂計畫前，也要先做好心理準備：「等到付諸行動時，一定要拿出超樂觀的態度！」

我建議各位，稍微高估自己，其實只是剛好而已。自我感覺越良好，就越能在遭受挫折後快速爬起來，當成是一次教訓。不妨勇敢去挑戰一項艱難的考試吧！就算考得很爛也沒關係，因為比起缺乏自信而什麼都不敢嘗試，自信滿滿地「失敗」，反而能幫助自己更加了解這個世界。

思維練習
064
決心

贏在起跑線的思考策略

開始前，先拉一條起跑線

在展開行動之前，位於最前頭的起跑線正是「下定決心」。例如要準備某項資格考試時，只要先下定決心：「要在〇日前讀完這個單元！」將有助於提高學習的士氣。一旦士氣大振，就能順利跨出第一步。

根據心理學理論，人類的心理過程包含知（認知）、情（情感）、意（意志）三種。換言之，「意」代表著決心，也是我認為最為重要的環節。學生時代，班上或許總有一位熱衷於體育社團、每天都馳騁於運動場上的同學，一到考試前夕卻又變得很會讀書。他們之所以能夠順暢地切換模式，正是因為擁有強大的意志力。

只要下定決心、打開開關，就能產生驚人的成長。若想在終點線取得漂亮的成果，就不可不重視象徵起跑線的「下定決心」。

讓身體喚醒意志

請各位試著將注意力集中於肚臍下方（也就是身體核心「丹田」的位置），一邊在內心想像自己的目標，立定決心；同時讓身體保持穩定，調整呼吸。想像一股堅定的意志，依序從肚臍下方穿過胸部、直達腦門。這麼做，有助於透過身體感受，將你的決心完整傳達到大腦。

不僅如此，各位還可以試著想像那股意志從腿部通往腹部、從腹部通往胸部、從胸部通往腦部前進的感受，就像血液在體內循環般，全身從頭到腳一以貫之。大腦並非獨立的器官，而是透過意識與身體相連，進而促使人類採取行動、做出成果。

有些人會很在意「腦筋好不好」，也就是天生的資質高低。但更重要的是，要擁有積極「動腦」的意識。為了將我們與生俱來的能力發揮到極致，請務必下定決心，好好「動腦」。

思維練習

065

彈性

保持彈性的中庸之道

東西方哲學家一致認同的思考模式

當我們在思考事物時，經常面臨二選一的困境。不知道該選哪個的時候，不妨試著參考「中庸」的概念。

所謂中庸，指的是不偏向其中任何一邊、做出公允選擇的思考模式。這種思考模式，有助於保持內心的平衡。很神奇的是，一旦著重於中庸之道，也能刺激頭腦更順利地運轉。

這是因為，當人類採取極端的思考模式時，觀點與思維會變得十分狹窄。如果極端地認定「不是〇〇，我可不要」，腦筋就會變得死板，失去廣納他人意見的彈性，也就無法產生新的靈感。

著名的法國哲學家笛卡兒曾說過：「迷惘的時候，最好採取較為客觀的人所採取的思考模式。因為一旦想法走向極端，就很難再脫離；但如果保持在中立位置，就能輕易修正軌道。」另外，古希臘哲學家亞里斯多德非常重視中庸之道，孔子也說過：「中庸之為德也，其至矣乎。」這句話的意思是說，取得平衡的思考模式是最完美的。由此可知，中庸之道，是古今東西思想家皆推崇的思考模式。

找出自己的平衡點

那麼，該如何掌握所謂的中庸之道呢？我認為這並不代表各位非得選擇最中立的位置不可，因為中庸的定義因人而異。

不妨用烹飪調味的概念來想像：每個人的味覺不同，對於該加多少鹽才是適量，也都有不同的意見。有些人完全不加鹽，也有人傾向撒一大把。無論如何，在兩個極端之間必定有一段剛剛好的鹹度。

請各位努力找出屬於自己的中庸之道，以此作為判斷基準吧！

思維練習

066

刺激

養成跟誰都能「閒聊三十秒」的習慣

從日常對話來鍛鍊內涵

與人聊天，不僅可以促進人際關係，還能讓刺激頭腦運轉。就算只有短短三十秒閒聊也無妨，請各位養成習慣，試著主動開啟輕鬆的話題：「最近有什麼好看的連續劇嗎？」「我最近迷上這首歌，一直反覆播放。」如此一來，即使只有三十秒的閒話家常，也能接收到新的刺激。

各位是否也有過原本只是三十秒的閒聊，卻因此對他人推薦的連續劇感興趣而花了二十個小時追劇，結果獲得極大啟發的經驗呢？「三十秒閒談」不僅有助於跟別人打成一片，還能得到新刺激或發現，拓展知識領域。

打聽自己不知道的事

這裡必須注意一點，那就是盡量選擇有助於接收到新刺激的話題。如果光是在聊天氣，聊上一百年也無法提升智慧。因為天氣是大家早就相當熟悉的話題，難以取得新的刺激。

為此，各位最好盡量打聽自己不知道的事，例如「最近看過哪些書？」「看了哪些剛上映的電影？」盡可能花三十秒左右，找幾個朋友聊聊這方面的話題，生活肯定會變得更充實。你可以直接見面聊天，也可以用LINE傳訊息。使用社群媒體的好處就在於能夠跳脫時空限制，從聊天過程中獲得新發現。

以我個人為例，我以前教過的學生，大約每半年會跟我聯絡一次：「老師，這本書很有趣，推薦給您。」當我看完書後，會向他分享我的心得，而他又會介紹新的書給我：「這次推薦您看這本書。」我在他的推薦下看了很多書，從中得到許多新發現。

思維練習

067

好奇心

珍惜那些心動的瞬間

探索知識的好奇心，始於訝異

試著敞開心胸，對身邊習以為常的事物抱持驚奇與新鮮感吧！舉例來說，就算只是一顆馬鈴薯，也不妨盛讚：「太好吃了，真厲害！」以此為契機，你可以順便研究一下馬鈴薯的產地，或許就會發現，馬鈴薯多半種植於北海道等寒冷地區。你或許會心想：「像這樣耐寒又具有營養價值的農作物，想必從以前就很受到重視吧？」若再進一步研究馬鈴薯的歷史，就會得知在大航海時代的歐洲，馬鈴薯並不是一種食物，而是被當成花，栽培在宮殿裡。這樣的新發現，想必又令人大吃大驚。

由此可見，學習的起點，正是從驚嘆的情緒開始。古希臘哲學家蘇格拉底也說過：「探索知識的好奇心，始於『驚訝』的心情。」一聲驚呼，往往是拓展學問的開始。

成功者的共通點：對世界保持好奇

我們從小到大接受的學校教育，無不要求我們「不要大驚小怪」。因此，即使得知了由愛因斯坦所提出、震驚全球的公式「$E = mc^2$」，我們也往往不會有任何驚訝或質疑，而是順理成章地認為「既然老師這麼說，那就是這麼回事」。但是，我認為這樣的反應是不對的。

「驚訝的能力」，是使人變得更加聰明的關鍵。知識淵博、看似參透一切的人，可能會讓人留下聰明的印象；但是一旦被既有的觀念所束縛，對於任何新知都興致缺缺，其實就表示缺乏驚訝的能力。

真正的聰明人，即使在自己的專業領域，也能隨時從中得到驚喜的發現。世上第一個發明後空翻機器人的工學博士——古田貴之先生，曾經興奮不已地表示：「機器人真的太厲害了！」將棋名人羽生善治先生也說過：「將棋的厲害之處，就在於將棋的世界沒有盡頭。」從這些一流人士脫口而出「好厲害」的反應來看，他們的「驚訝」大概都是非常高品質的「驚訝」。

思維練習
068
契機

擁抱更多未知的可能性

與知識相遇的契機

若想得到新發現，試著接觸自己過去從未接觸過的領域，是最理想的方法。我推薦各位去觀賞喜歡的明星參與演出的廣播或電視節目，藉此接觸不了解的領域，這也是最容易入門的管道。另外，在與朋友的對話中尋找與知識相遇的機會，也不失為好方法。畢竟，遇見新知的契機，往往來自於他人所說的話。

我個人特別推薦 NHK 電視台的節目《一百分名著》。顧名思義，每集節目會以一百分鐘講解古今東西的經典名著。該節目的主題相當多元，因此能帶領觀眾接觸到眾多不同領域的知識。

只要觀看，就能得到眾多發現：「原本對人類學毫無興趣，但看過節目後，覺得人類學好有趣！」「原本以為宗教與自己無關，沒想到其實有這層關聯性。」

不僅如此，實際閱讀某個領域的書籍後，還能進一步拓展自己的知識。

勇於實踐

此外，知識並非只存在於電影或只書籍。刻意去增加在日常生活中接觸到不同領域的機會、勇於實踐，也是很重要的關鍵。

舉例來說，如果對園藝有興趣，不妨實際種種看植物。實際種植以後，就能親身感受到其困難之處；若能體會到「光是種一片草坪，就得耗費如此大的心力」，想必會更加佩服從事園藝的人。屬於自己的實際體驗，有助於加深知識的深度，所以凡事切勿止步於「書本上的知識」。

無關年齡，從實踐中得到的感動是一種極具價值和新鮮感的寶物。因此我建議各位，一旦產生興趣，就別管三七二十一，先試試看再說！

思維練習

069

衡量方法

用「座標軸思考法」來整理資訊

每個人都會的數學式思考

「數學式思考」也是讓腦筋變好的一大支柱。或許會有人擔心：「我是文科腦，不擅長數學。」

但數學式思考並不是指快速或正確計算的能力，而是指以數學概念為基礎的思考邏輯，任何人能輕鬆地學會。請務必勇於挑戰，不要害怕。

理性分析，高效決策

「座標軸思考法」是數學式思考的其中一種方法。以 X 軸與 Y 軸所構成的兩條互相垂直的線，即是座標軸。

在思考過程中，比照座標軸的方式畫出兩條軸線，分成四個象限——這就是

「座標軸思考法」。

舉個例子，在衡量一個人工作上的能力表現與人際關係時，可以分成「工作能力強／工作能力差」的X軸，與「個性很好／個性不好」的Y軸，如此一來就能再分成四個象限：①工作能力強，個性也好、②工作能力雖強，但個性不好，很難相處、③工作能力差，但個性很好、④工作能力差，個性又不好。

公司內部分配工作時，如果能用這個座標軸來分類員工，就能把「②工作能力雖強，但個性不好」與「③工作能力差，但個性很好」的人分開安排。如果欠缺這樣的座標軸思維，將更難決定該把工作交給誰才好，最後可能會流於「反正先交給工作能力強的人就對了」的思考慣性。

但是，如果能徹底地透過座標軸分析情勢，就能夠判斷：「這件事很急，交給能獨立完成工作的人吧！」「這件事非常需要團隊合作，所以交際手腕很重要，就請他幫忙吧！」的想法。請務必嘗試透過邏輯角度來思考、處理事情。

思維練習

070

排定順序

用「因數分解」來概括事物

用數學思維講故事

除了座標軸以外，還有許多數學邏輯可以應用於思考。例如將國中學過的「因數分解」應用在思考上，就能條理分明地想事情，產生非常吸引人的想法。

因數分解是運用共通的因數，把冗長的算式拆解成單純的構造。同理可證，如欲推動某項事物時，用因素分解的方式思考共通的事項，有助於整理自己的思緒。

日本搞笑藝人兼電影導演北野武曾表示，他在拍電影時，會先想好劇情走向，再思考犯人要從哪裡出場。可見即便是在與「算數」毫無關聯的影視領域，數學式思考也能派上用場。

講到這裡，我想各位都明白數學式思考邏輯有多好用了。重點絕不在於計算

數字，而是能否善用數學式思考邏輯來「排定順序」「整理各項事物」。

除了座標軸及因數分解，利用文氏圖或樹狀圖來整理思考；或是參考計算機率的做法，先將所有項目條列出來——這些都是相當有效的數學式思考法。

思維練習

071

客觀角度

要打破格式，必須先創造格式

格式是創意之母

現代人傾向於推崇充滿個性的想法。「格式」這個字眼往往會給人負面的印象，例如「受限於格式的想法」等等。

不過，我並不這麼認為。說起來，格式原本是「塑形」的意思。格式是指傳統及習慣中的形式及方法、技術、規範、範本、本質，並不是「合乎格式」這個字眼給人想像的那種平庸、一成不變的樣子。就像「打破格式」這句話，如果想提出打破格式的創意，就得先製造「格式」。

凡事都要從基本塑形的格式開始做起。必須先有基本塑形的格式，才能生出充滿個性的想法或創意十足的點子。

藉由製造格式，打造自己心中做為基準的「座標軸」。有了不偏不倚的座標軸，才能客觀地感知自己的想法是否細微地偏離座標。這麼一來就不會把「任性」誤當成「個性」，做出破格的行為，讓身邊的人感到困擾。

遵循格式，才能突破格式

另外，正因為受到制約，才能提高自由的意識，還具有將出乎意料的想像力發揮到淋漓盡致的效果。為了熟悉格式，必須反覆練習無數次，在失敗的過程中對創意多下一點工夫，從而形塑個性。

在體育的世界裡，一流選手也非常重視按照格式的例行練習。因為完全照著格式練習，才能藉由反覆練習，磨練自己的技術。我們也要在日常生活中過著以格式為基準的生活。

乍看之下可能會覺得個性與格式似乎正好相反，但是唯有在格式形成之後，才能表現出每個人的個性。

思維練習

072

熱衷

透過心流，重生為新的自己

主動心流

「心流體驗」是美國心理學家契克森米哈伊提倡的概念。當人們集中精神、熱衷於某項事物，會全神貫注到忘記時間，這種感覺即為心流體驗。運動選手們口中的「渾然忘我」就是這個意思。

大概沒有多少人懂得如何刻意引發心流體驗吧？以下介紹一個有助於主動發起心流體驗的訣竅。

那就是像水流動那樣，意識到「流動」。舉例來說，日本畫家在作畫的時候，手的動作宛如行雲流水。大廚在做菜的時候，動作也有如行雲流水。在意識如水般流動的情況下進行一連串的動作，身體就會活動自如，更容易集中精神。

心流能讓工作更快樂

另外，如果能以這種流動的感覺做事，身體將不容易感到疲倦。身體一旦不容易感到疲倦，腦筋也能動得更快更好。身體一旦疲倦，意識就會跑到「身體」上，無法全神貫注。因此做事時最好也能在意識到「流動」的情況下進行。

請提醒自己要在每天的動作中盡可能長時間意識到「流動」。只要反覆執行，心流體驗就會變得越來越理所當然。如此一來，即使是長時間的工作，也不容易感到疲勞，可以在心無雜念的狀態下執行業務。更重要的是，若能得到心流體驗，就能更快樂地工作。

不只能提升注意力，還能「充滿熱情」地面對工作，這也是心流體驗的好處。

利用背景音樂，打造「知性空間」

選好你的「王牌歌曲」

為了能順利地抓住心流體驗的「流動」，不妨有意識地培養配合節奏律動的感覺。這時，音樂是非常理想的好幫手。在從事一定要專心的作業時，建議邊聽音樂邊作業。另外，準備證照考試或在家工作時，大概也有人會選擇在圖書館或咖啡館工作。這時可以用耳機聽音樂，把自己與周圍的人事物隔絕，專心作業，從打造一個專屬於自己的空間這點來說，我也很推薦大家聽音樂。

特別推薦重複聽同一首歌的做法。如果聽各種不同的音樂，注意力會被音樂吸走，反而是導致分心的原因也說不定。因此不妨在作業前先選定「這首歌」，重複播放那首歌。聽十次一首三分鐘的歌，加起來就是三十分鐘。倘若在那三十分鐘內集中精神作業，可能會覺得時間一眨眼就過去了。光聽音樂就能簡單地享受到心流體驗。

用音樂打造你的專注模式

任何人都有非做某件事不可的時候，應該也會有不太喜歡那項作業的時候。從事那些不喜歡的作業時，建議各位採用上述「反覆播放同一首歌」的方法。像我不太喜歡校對工作，所以校對時會反覆播放美國吉他手史蒂夫·史蒂文斯的歌曲《Flamenco A Go-Go》。拜熱情動感的旋律所賜，即使不得不從事自己視為苦差事的工作，也能以樂觀開朗的心情面對。

面對不喜歡的工作時，為了從「打開開關」的角度提振士氣，聽音樂也非常有效。

思維練習
074
整理心情

輕鬆減壓的「跳一跳」魔法

極簡運動

為了讓頭腦充分運作，調整好腦內環境相當重要。為了讓頭腦充分運作，也必須讓心靈處於乾淨清爽的狀態，以免被壓力擊潰。

為了擺脫壓力，做點簡單的運動也不錯。我特別推薦「稍微跳一跳」的做法。最近市面上也有一個人就可以使用的小型跳床，不妨買回來用。

不必特地花錢購買，即使只是簡單的空氣跳繩等動作也無妨，總之為了轉換心情，請像個孩子似地蹦蹦跳跳。

只要稍微跳一跳，就能甩開鬱悶的心情。即使只跳五、六下也沒關係，所以請不時地跳上跳下，讓心情煥然一新。跳的時候因為會喘，也能吸取大量的氧氣進入大腦。這是很簡單就能做到的有氧運動，非常推薦。

跳一跳，趕跑憂鬱情緒

現代人活在非常講究速度感的世界，因此很多人都有憂鬱症。

另一方面，受到新冠疫情的影響，要一個人度過的時間變多了，或許也有人因此感到鬱悶，感到喘不過氣來。因為社會上一直充斥著不開心的話題，看不到一個月後、一年後的未來，為此感到鬱鬱寡歡的人也不少。

或許因為受到這方面的影響，近年來得憂鬱症的人越來越多，據說隨著新冠肺炎的疫情蔓延，憂鬱症患者比以前更多了。先理解我們正處於容易憂鬱的環境，再以稍微跳一跳的方式來趕走憂鬱，讓心情煥然一新。

思維練習
075
運動

給大腦一點喘息空間

讓身體帶動思緒

如果住在公寓大樓那種無法跳上跳下的環境，不妨做點簡單的伸展操來放鬆心情。只要轉動手臂、伸直指尖，就能讓身體暖和起來。

也可以使用平衡球或瑜珈墊之類的運動用品，但光是稍微伸展一下，就能讓血液循環到全身，讓頭腦放鬆下來。尤其是需要動腦的緊張局面，指尖很容易發涼。體溫一旦降低，身體就會處於比較不聽使喚的狀態，所以請視周圍的情況，提醒自己頻繁地做點伸展操。伸展肩胛骨或股關節等身體部位，對促進血液循環特別有效。

鈴木一朗還在打棒球的時候，每次站上圓形打擊準備區，都會擺出有如相撲力士的姿勢，雙手放在膝蓋上，輪流把肩膀探向前方，這個動作非常好，能同時運動到肩胛骨和股關節，是很有效的伸展操。工作卡關或想法卡住的時候，建議大家都可以試試這個動作。

活動身體的好處

演講到一半的時候，我會請聽眾站起來，要求他們「稍微活動一下身體」。請原本一臉嚴肅地聽我演講的聽眾站起來，跳一跳，轉動一下身體。這麼一來，聽眾活動身體後的反應會比活動身體前好很多。大家的表情都放鬆了，面帶微笑地聽我說。

不妨在聽演講或從事文書工作等需要長時間動腦的情況下，加入動一動身體的時間。

思維練習

076

自我陶醉

自我陶醉，也是鼓舞士氣的好方法

帶著使命感去挑戰

不妨對自己做的事抱持自我陶醉的心態，甚至大可以誇張地認為：「我是世上最熱血的人！」刻意為自己帶來錯覺，讓自己陶醉其中，對大腦而言反而是相當有益處的習慣。

日本動畫《生化超人卡撒》當中，有一句台詞是：「卡撒不入地獄，誰入地獄？」同樣地，在開始做某件事以前，建議為自己加油打氣：「我不入地獄，誰入地獄？」

拉到現代，不妨想像自己是知名動畫《鬼滅之刃》中，那位視死如歸的角色——煉獄杏壽郎，為自己的行為賦予一份使命感。若能擁有這麼強烈的感受，心情也得以大為振奮。所以就算是錯覺也無所謂，即使你的工作不是真的要救誰的命，也要抱持捨己為人的心情，勇於挑戰。

靠「自我陶醉」的力量改變自己

我想告訴各位，想完成「全世界沒有人做過的事」，其實意外簡單。放眼周遭，我們身邊其實充滿了全球首見的嘗試。

比方說，就算不擅長繪畫，別人都看不懂你在畫什麼，但只要認定「這就是我的風格」，那麼，這樣的筆觸與畫風當然是全世界只此一家，別無分號；即使是五音不全的音癡，但換個角度來看，那副歌喉也可以是「獨一無二」的美聲。從這個角度思考，不難發現所有的事物都可以是「全世界第一次」的嘗試，要成為世界第一，根本一點都不難。

學習能力由思考、判斷、表現等三大要素構成，其中關於「表現」的部分，也會大大受到自我陶醉的影響。

再怎麼微不足道的小事也沒關係，請試著陶醉其中，相信這會是全球首見的嘗試，你的情緒也將更加振奮。

思維練習

077

機會

消除失敗的「愛迪生思考法」

養成「不把失敗當失敗」的習慣

可能的話，我想每個人都不會想經歷失敗。畢竟萬一犯錯，可能會為周圍的人帶來麻煩，或是有損自己的形象與名聲，更會拖垮進度，讓人不知所措。

當然，為了不犯錯，事前做足充分的準備、仔細地確認，是非常重要的必辦事項。但是更需要注意的是，犯錯後千萬別就此放棄。如果每次不小心犯錯都一蹶不振，不僅會造成動力低落，也會影響到後面的表現。

倘若不小心犯錯或事情進行得不順利，可以試試「愛迪生思考法」。

這是號稱發明王的愛迪生，在進行白熾燈泡發光體（亦即燈絲）的材料實驗時採取的思考法，也就是當作那些失敗「從來沒發生過」。具體來說，愛迪生會透過各種材料來測試能否使燈泡發光，如果實驗結果不順利，就告訴自己：「我早就知道行不通了。」若能採取這種思考模式，失敗本身當然就不復存在了。

失敗賦予我們學習的機會

或許也有人早就聽過愛迪生這種「不把失敗當失敗」的思考模式，但是應該沒幾個人實踐於日常生活中吧。請捫心自問，自己是否能將這種思考法應用在日常生活中呢？

我在寫書的過程中，也曾遭遇過失敗的經驗。可是在記取當時的教訓後，我也因此學到更多新的事物。

如果恐懼失敗、害怕挑戰，可能會錯失寶貴的學習機會。從失敗中學習到的教訓其實非常有價值。

思維練習

078

感情

借助腦科學力量，加速應變能力

影響人類行為的腦內物質

腦內物質是人類腦中分泌的物質，與士氣及感情、記憶力等各式各樣的功能皆有關。例如跟小孩或寵物肢體接觸時，腦中會分泌一種名叫催產素的腦內物質，帶來幸福感。

由此可知，日常生活就會分泌腦內物質，與我們的士氣及感情、學習及工作都有切身的關係。換句話說，可以借助腦內物質的力量，讓頭腦變好，提升工作效率。

話雖如此，我們腦中分泌的腦內物質因為不具形體，無法一一測量。

在此，我想推薦「感覺腦內物質正在分泌」的方法給大家。

舉例來說，跟小狗玩的時候，可以想像「此時此刻正在分泌催產素」。如此

一來，不管有沒有實際分泌催產素，都會自然而然地覺得很幸福。另一方面，也可以反過來利用不愉快時分泌的腦內物質。有時候，不愉快的經驗反而能讓我們更有幹勁。不愉快的時候會分泌讓人處於備戰狀態的正腎上腺素。被別人瞧不起時，可以利用這種腦內物質，大聲吆喝「什麼嘛！」讓自己處於亢奮狀態，提升自己的士氣。

思維練習

079

詞彙量

詞彙量決定你的格局

增加詞彙，拓展世界

聰明人會從寬廣的角度看待世界。為了擁有開闊的視野，我推薦各位多多增加自己的詞彙量，因為光是增加用詞，就能更完整地掌握不同領域的知識結構。

舉例來說，我們在閱讀知名文學家的作品時，經常會深受感動：「這是多麼豐富又優美的文字啊！」同樣一件事物，我們能透過作家的筆觸看到截然不同的描寫方式。日本作家幸田露伴的代表作《五重塔》，就是一部令人嘆為觀止的傑作。實際上，我正是因為深受這本書感動，才特意為此出版了一本「注音版」。

當然，就算選擇文學作品以外的讀物也無妨，重點在於要主動去探求詞彙的無限可能性。

立刻活用新單字

理解某個新單字的意思以後，想必都會躍躍欲試。這時請不要猶豫，馬上具體活用在自己的寫作或對話中。在使用的過程中，那句話將內化成自己的養分，有助於產生新的知識；如此一來，看世界的角度也會改變。換句話說，每增加一個詞彙，視野就會更拓展一分。

附帶一提，隨著「權力騷擾」「性騷擾」等社會議題開始受到討論，「騷擾」的概念也越來越廣為人知、備受重視。換言之，增加詞彙也能拓展我們看待、思考事物的視野。

思維練習

080

挑戰

有內涵的人，更能客觀審視大局

透過內涵了解自己的立場

讓自己變成有內涵的人，就能了解自己現在知道什麼、不知道什麼，自己活在什麼樣的世界，擁有什麼樣的思考邏輯。

打個比方，我們過去的常識一直都是宇宙只有一個，可是根據最新研究指出，事實上有許多個宇宙。村山齊老師還在書中寫說有多重宇宙才是常識。村山老師主張「宇宙的數量」瞬息萬變，已經超乎人類所能理解的範圍了。即使無法想像，如果能具備「這個宇宙以外確實還有其他宇宙」的知識，依然有助於了解自己目前置身於何處。

尤瓦爾．諾瓦．哈拉瑞的《人類大歷史》這本書，爬梳了人類從石器時代到現在的歷史。看完這本書，就能了解自己經歷過什麼樣的變遷。

賈德．戴蒙的《槍炮、病菌與鋼鐵》也是如此。該書的書寫角度十分恢宏，能夠使讀者從更宏觀的角度來重新省思自己的所處位置。眼界寬廣的作者所撰寫的作品，也能讓我們的思考模式產生變化。

挑戰自己專業以外的領域

為了成為有內涵的人，最快的方法無非是挑戰自己專業以外的領域。好比說平常只看日本文學的人，也請試著閱讀世界名著。光看古典作品的人，不妨也看看最近的作品。如果是文科的人，最好挑戰一下平常不怎麼看的理科的書，即使是叢書或內容很簡單的作品也無妨。

漸漸了解自己不了解的事物，或許會發現：「此刻世界上正在發生這樣的事。」「原來這件事在國際上早已經是常識。」

思維練習
081
用字遣詞

讓溝通更順利的「禮貌表達」

選對表達方式，能降低風險

把「請、謝謝、對不起」掛嘴邊，是社會人士的必備禮儀。為了避免影響他人情緒，禮貌是必不可少的一環。但是近年來，也有不少人認為認為這樣的講話方式是種「繁文縟節」。

相對地，我也認識一位朋友，對任何人說話都畢恭畢敬。其實，一旦習慣了禮貌得體的說話方式，心情上反而會更加輕鬆。畢竟，如果只在必要場合才使用這樣的說話方式，當然難免不適應；但在置身於有些距離感的關係中時，相較於依照不同對象來使用不同表達方式，一視同仁的禮貌，反而讓人比較沒有壓力。

順帶一提，那位朋友連對自己的下屬說話也非常有禮貌。事實上，只要用字遣詞夠誠懇，有禮貌的言行其實能避免招來權力騷擾等糾紛。除了權力騷擾外，人與人之間的許多衝突，最終往往可以歸因於用字遣詞的問題。

據說日本某間國小的班級亂成一團，男生與女生一天到晚都在吵架，而班導師想到的方法是制定規距：「稱呼對方的名字時，要加上同學二字」。實行之後，爭端立刻大為減少——畢竟，「〇〇同學是笨蛋」說起來實在太拗口了。

讓溝通無往不利的表達方式

提醒自己講話要面面俱到還有其他好處。好比要寫信催促對方的時候，如果不客氣地直說「你打算寫到何年何月啊？」那麼，明明一開始是不遵守交稿期限的人不對，但這種語氣不僅無法讓對方老實地認錯，反而還會激怒對方。

因此，建議改用更委婉的用字遣詞，諸如「或許是我記錯截止期限了」「麻煩你了」等。我的經驗是，大多數人看到對方說得這麼婉轉，也會比較願意乖乖地道歉：「對不起，是我忘了。」

思維練習
082
禮貌

遠離有毒的社群媒體

避免糾紛的神奇話語

推特、IG、臉書……如今社群媒體已經成為日常生活中不可或缺的社交工具。在帶來方便的同時，有時候卻也會成為壓力的來源。因此，我個人不使用社群媒體，也建議各位在使用社群媒體的時候要謹慎小心。

如果是平常就容易惹麻煩上身的人，最好不要沉迷於社群媒體。萬一快要吵起來的時候也不要馬上回覆，先拉開一點距離。這時不需要傾心交流，只要保持禮貌即可。

最後還有一個手段，那就是「請保重身體」這個關鍵字。最後加上這句話，自然而然地減少未來的交流。從某個角度來說，把這句話放在話題的結尾，不失禮貌又能拉開距離感。

換句話說，有些字眼會讓看到的人，產生想減少跟對方打交道的感覺，所以最好只用在想避開麻煩的時候。

閃躲負能量的技巧

如果是很會用社群媒體的人，就不需要管我前面講的內容。這種人反而應該卯起來善用社群媒體。

但如果是很容易因為社群媒體感到壓力的人，或者是跟別人鬧得不愉快，一整天都會悶悶不樂的人，請務必實踐這些做法。善用「閃躲的技巧」是巧妙使用社群媒體的祕訣。

還有，使用社群媒體的時候，制定遊戲規則也很重要。像是對方問自己LINE或電子郵件信箱的時候不要回答，將朋友人數控制在一定的數字內，也能防止被社群媒體搞得心力交瘁。

思維練習

083

發現

讀報也是一種思考練習

讀報長知識

隨時理解世界大事，是聰明人每日實踐的好習慣。我目前固定訂閱電子報，但在學生時代，還會把報紙剪下來做成剪報。

現在或許很多人都改看網路新聞，但建議各位偶爾還是可以看看紙本新聞。稍微翻一下也無妨，只要試著重新接觸有別於網路媒體的報導，想必會驚訝地發現，原來報紙的內容這麼充實。

我在大學授課時，會要求剛入學的大學生做兩個禮拜的簡報。將每天剪下來的報紙貼在筆記本的左側，在右側寫下心得感想，或是整理新聞畫成圖。兩周後，再請他們在其他同學面前發表。如此一來，大家都發表得頭頭是道。解說的氣勢宛如那則新聞已是自己的囊中物。大家的感想都很積極向上。

詢問學生們的感想，得到的答案是「彷彿聽到以前從未留意過的知識，好像了解事物的連結」。讓一百個人做這件事，一百個人都會變得很積極。想必也會很驚訝「只看兩個禮拜的報紙，居然能對時事變得這麼了解」。

讀報，能讀出更理想的世界

由此可見，看報可以加深我們對世界大事的認知，還能訓練思考的基本功。當然，也有人評批報導的內容過於偏頗、沒有寫出真正的事實，但是請想像一下，萬一世界上沒有報紙、沒有記者，大部分新聞皆由政府公布，這會是多可怕的事？

不難想像，在社群媒體及網路資訊夾擊下，報社經營已然陷入困境，因此我們也需要多加支持媒體，守護其採訪的專業與自由。

思維練習

084

持續

在深夜書桌遇見歌德

養成每天閱讀的習慣

聰明人也很珍惜晚上的時間。我特別推薦大家養成在夜深人靜時閱讀的習慣。我猜很多人不到十二點不睡覺，既然如此，不如放下社群媒體，關掉手機的電源，或是把手機拿去充電，將這段時間用來看書。只有三十分鐘也沒關係。可以利用泡澡的時間或躺在床上準備就寢的時間，在那一瞬間抱持「接下來要聆聽偉人的教誨」的氣勢開始閱讀。

好比看了幾頁，覺得有所領悟就可以結束閱讀。假使每天看四頁左右，其實不用花很多時間就能看完整本書，總之不用從頭到尾都看得很認真。跳著看也無所謂，重點在於每天都要閱讀。

至於我為何建議晚上閱讀，因為白天要忙著上班上學，晚上通常比較有時間。再者，夜晚是人變成「個體」的時間，可以專心做某件事，也是我推薦的原因之一。

與偉人同行

我在閱讀歌德或尼采的時候，會想像他們正在與我對話。歌德是人類史上最聰明的偉人之一。我在學生時代閱讀愛克爾曼的《歌德對話錄》時有一個感想，如果能直接聽歌德說話，要我花一百萬圓也甘願。各位在閱讀自己喜歡的偉人或作家的作品時，不妨也試試看這個做法。

若想直接聽作者說話，可能要花很多錢。但如果是作者寫的書，只要花費兩、三百元左右。只要花小錢就能盡情徜徉在歌德的名言裡，真是太幸福了。

光是想像今天可以接觸到這位偉人的內心世界、接受那位偉人的名言醍醐灌頂，彷彿那位偉人在自己耳邊說話……或許也會覺得自己正每天一點一滴地成長。

思維練習
085
自豪

自我肯定，能讓你表現更好

別吝於肯定自己的成就

為了保持良好的精神狀態，肯定自己辦得到的事、已經完成的事至關重要。如果太在意自己辦不到的事，很容易陷入自己什麼都做不好的錯覺。

有些人平常都沒什麼自信，但是一路聊天聊下來，會發現他居然是「以前學過鋼琴」「會彈一點蕭邦」的高手。要是我會彈蕭邦，大概會很自豪地逢人就說吧。看在不會彈琴的人眼中，會彈蕭邦絕對是一件值得稱羨的事。由此可見，很多人明明有十分優異的專長或成就，卻不願肯定自己。

「自吹自擂」之必要

近年來，社會風氣讓人越來越不敢自吹自擂。好比「不能自吹自擂」「必須保持謙虛」的風氣。過度謙虛會讓人失去自信，所以我認為反而應該要盡量自吹自擂。

有個學生的板書寫得非常漂亮，問他怎麼會寫得這麼漂亮，他的回答不只是「我學過書法」，還有「我研究過要怎麼寫出讓人看得懂的板書」。大家都稱他「板書名人」。

可是如果不說出來，旁人或許就不會發現他的厲害之處。要主動透露，身邊的人才會意識到「很厲害」。即使不是什麼特別的專長也無所謂。試著告訴別人自己能辦到一定程度的能力。藉此得到周圍的評價，還能增加自信。

即使不告訴別人，在自己心裡肯定自己辦得到的事也很重要。亦即自吹自擂的能力。聰明人知道自己有什麼武器。只要能掌握三項自己的武器，就能決定要以什麼方式應戰。

思維練習
086
活化

加速思考的「快速朗讀法」

朗讀有助於活化大腦

東北大學川島隆太教授的研究指出，朗讀可以讓腦筋轉得更快、更好，帶起一波「鍛鍊大腦」的風潮。事實上，光是在腦海中思考，血液並不會流到腦的額葉，因此無法循環到整個腦部。

活化位於大腦額葉的前額葉皮質，不僅能提升控制感情的功能，讓心情趨於穩定，還能促進身體的機能。前額葉皮質可以透過學習來鍛鍊，「朗讀」還能讓前額葉皮質更發達。

為了讓血液循環到整個大腦、活化腦部，「講話」是不可或缺的運動。因此「朗讀」對大腦非常有益。

還有，朗讀乍看之下很簡單，但是要同時進行閱讀文章的輸入與發出聲音的輸出，其實是非常高難度的認知功能。而且讓耳朵認識自己說話的聲音這一連串的循環其實是水準相當高的動作。

利用快速朗讀來整理思緒

為了讓「朗讀」更有效，我建議採取快速誦念文章的「快速朗讀」。一分鐘內以充滿抑揚頓挫的語氣朗讀一篇短文，有助於整理腦中的思緒。

朗讀什麼文章都無所謂，不妨選擇像日本作家太宰治的《奔跑吧！梅洛斯》那樣，富有節奏感的作品。

《奔跑吧！梅洛斯》是一則描述主角梅洛斯以誠信感動暴君的故事。作品中花了許多篇幅，描繪梅洛斯在穿街過巷的場面，整個故事充滿了速度感，因此在朗讀的時候，可以帶點高低起伏的感覺。另外，夏目漱石的著作《少爺》中，也充滿了高低起伏的典雅口吻，很適合迅速地朗讀。我個人曾經朗讀完整本書過，但各位不妨先朗讀第一段即可，請務必親自嘗試。

快速朗讀，是大腦的暖身操

「快速朗讀」扮演的角色與開始運動前的準備運動一樣。運動時，為了不要受傷，得先做暖身操，或是稍微慢跑一下再進入球場或競技場。同樣地，「快速朗讀」可以讓頭腦處於不容易犯錯的狀態。

朗讀時，大腦必須「邊用視線追逐文章，再用嘴巴念出另一段」，動作十分複雜。因此「快速朗讀」其實是非常高難度的動作，實際操作後，肯定會發現並不是一件容易的事。即使是專業的主播，為了不出錯，正式上台前也要再三再四地出聲朗讀原稿，反覆練習。

第5章

學習天才的思維

思維練習

087

實踐

福澤諭吉：設定固定時間，養成習慣

專注的力量

日本明治時期啟蒙思想家福澤諭吉，推開其人生大門的契機是學習荷蘭語。他在位於大阪、專門研究荷蘭知識與文化的私塾，學了兩年多的荷蘭語。這家私塾的做法是讓學生在同一個屋簷下一起吃飯、一起睡覺，讓學生切磋琢磨。福澤本人在就讀私塾的過程中，除了吃飯睡覺以外，也幾乎都把時間花在讀書上。

由此可知，專注於某一件事的時間至關重要。因此我建議決定好一個主題，實踐一段時間。

打個比方，我在大學負責教育課程，評論能力——尤其是「讚美」學生的能力對老師來說極為重要，所以我請學生以「讚美」為主題，發起為期兩星期的「讚美周」。

如此一來，大家都表現出很有趣的反應。其中也有因為難得地稱讚了妹妹後，收到了妹妹送的點心；甚至還有不擅長繪畫的男同學決心開始畫畫後，周圍的朋友都成了讚美高手，紛紛稱讚他「畫得好」「想拿來當作大頭貼」。

三分鐘熱度，好過完全不做

讚美他人的活動，在我的課堂上持續了兩星期。但我建議各位在實踐這種做法時，不必拘泥於時間長度，就算只有三天也無所謂。有句話是這樣說的：「就算只有三分鐘熱度，也遠比完全不做來得好。」重點在於即便只有三天，也要刻意去積極行動。

舉例來說，一旦決定要好好地打招呼三天，至少在那三天內，就絕不能忘了要好好地打招呼。

為了做到這一點，你所訂定的目標也要盡量清楚明白。不妨事先將目標記錄在筆記本或手機這些平常就能看到的地方。習慣後，也可以將期間延長為一個星期，並規範自己每週末都要 安排回顧與反省的時間。

思維練習

088

專業化

歌德：鎖定目標，讓才華開花結果

一輩子做好一件事

眾所周知，歌德除了擅長繪畫與鋼琴之外，還會希臘文及拉丁文、希伯來文、法文等多國語言。但是他在寫文章時卻堅持使用德文，因此建立起獨特的文風，甚至有「近代德文之父」的美譽。他自己也說過：「最偉大的技術是自此一家、別無分號的能力。」由知可見，人應該將才能傾注於一件事，我稱此為「專業化」。

正所謂滴水足以穿石，全神貫注於某一件事，才華方能開花結果。我有朋友考過好幾次司法考試都失敗，問我「有沒有什麼好方法？」我的回答是「讓自己專業化吧。暫停所有人際關係，一整天就只思考那件事」。當時還是舊制的司法考試，難度比現在高很多。但他照我的方法做了以後，順利通過考試。我很佩服他專業化的意志力。

專注於自己的才華

專業化特別適合知道自己擅長什麼的人。我任教的大學裡有個學了五國語言的學生。我問他為什麼要學那麼多語言，他說「我擅長聽聲音模仿，所以用社群媒體結交外國友人，總之先跟他們聊天再說。心想這麼一來應該能學會日常對話」。我實際聽那個學生講義大利文的時候，不由得大吃一驚。

他很清楚自己擅長用耳朵聽、再講出來，並將其全面運用在日常生活中。也因為有聊天的對象，專業化才能開花結果。同樣地，選擇的才華可能不適合自己，因此請先嘗試兩個星期，感受到變化後，再持續下去。

思維練習

089

反省

夏目漱石：換個角度思考，結果大不同

徹底地反省，再從頭來過

夏目漱石在經歷高中英文教職後，以公費留學生的身分前往倫敦留學。他晚年在日本學習院大學發表過名為「我的個人主義」的演講。在這場演講上，他表示自己在倫敦留學時，曾經罹患憂鬱症。

他是這麼回想自己的年輕時代的：「人生在世，總得做點什麼才行，但我不知道該做什麼，也不知道該往何處去，感覺自己像是甕中鱉、袋中鼠。」儘管他在日本是眾人口中的菁英，到了當地，卻連對文學一無所知的人也能嘲笑他。

但他並沒有因此就耽溺於痛苦之中，而是不斷地反省再反省，最後領悟到「自我中心」這四個字。在那之前，別人的偏見總令他耿耿於懷，受困於言語的隔閡，不斷被負面情緒影響。但是在領悟到「自我中心」後，他說：「自從主動擁抱自我中心這句話，我變得堅強許多。」做自己絕不是一件壞事。因為堅持做自己才能不用再看別人的臉色，活出自己的風格。

找出自己的礦脈

在那場演講中，漱石以「啊，這才是我應該要走的路！終於被我找到了！」這句話為例，強調尋找自我的那股震撼力，強大到足以讓人發出「啊！」的感嘆。他認為，探究自己真正本質的過程宛如挖礦，「直到自己的鋤頭終於挖到礦脈前，都必須努力不懈地前行」。

遭受別人的批評，可能會因此感到失落。感覺快要受挫的時候，只要能徹底地反省現狀，以「自我中心」的角度從頭來過，或許就能擺脫目前的狀態，轉換想法。

思維練習

090

規律化

愛因斯坦：建立獎勵機制，心態更積極

在工作空檔，好好寵愛自己

因提出相對性理論而廣為世人所知的愛因斯坦，其實很喜歡音樂，也很會拉小提琴。有一套說法是他的小提琴其實拉得不怎麼樣，但是對他而言，享受音樂的時刻無疑是最幸福的時候，可以藉此取得精神上的平衡。

無論是學習還是工作，隨時讓精神保持在平衡的狀態至關重要。因此無論什麼都好，但請務必找出能讓自己感到幸福的事物。如果是愛看漫畫的人，可以利用學習的空檔看漫畫，讓自己得到幸福的感覺。我曾經嘗試過學習二十分鐘、看十分鐘漫畫的做法，沒想到意外地有效。即使是不太想做的事，只要想到做完之後就能獲得獎賞，或許就能產生幹勁。

想當然耳，如果一直看漫畫就本末倒置了，所以不妨規定自己每看三章就要回頭學習。

懂得休息，也是一種才華

獎勵不是興趣也無妨。以我為例，吃巧克力能讓我打起精神來，所以我允許自己工作到一個段落可以吃一塊巧克力，再工作到一個段落又可以吃一塊巧克力。據說漫畫家手塚治虫也是邊吃巧克力邊工作。可知為了完成工作，「補充」適度的樂趣也很重要。

所謂才華是持續努力的能力。即使是自己擅長的事物，如果不能堅持下去，也無法開花結果。問題是沒有人能不喘口氣，一直持續下去。

在工作的空檔給自己一點獎勵，保持精神上的平衡，就能繼續堅持下去。對愛因斯坦來說，他的獎勵是音樂；對我和手塚治虫而言，我們的獎勵則是甜點。

思維練習
091
虛懷若谷

本田宗一郎：虛心求教，世界更寬廣

先聽聽專家怎麼說

本田技研工業（HONDA）創辦人本田宗一郎是從學徒出身，學歷並不出色，卻憑藉著天生的資質，以及在製造現場一步一腳印累積的經驗累積，終於功成名就。他在自己的著作《本田宗一郎自傳：奔馳的夢想，我的夢想》中提到，如果有不懂的地方，不是看書，而是去請教那個領域的專家。

事無鉅細，專家的想法肯定比外行人想得周全，所以重點在於請教過專家的意見再執行。因此虛懷若谷地相信專家說的話，加以實踐也很重要。凡事都需要虛懷若谷的精神，但是尊重專家的虛懷若谷顯得格外重要。

或許專家也會出錯，但是告訴自己「專家的經驗及知識都很豐富，人格卓越，這種人說的話很值得信任」，傾聽各領域專家的經驗分享，將給自己帶來良好的刺激。

學會尊重不同專業

最近各行各業的專家都開始上電視、出書。以前多半由大學教授寫的叢書，如今也如雨後春筍般地充斥在市面上。換句話說，這個時代可以輕易聽到專家的意思。

我也在網路或電視上看到許多擁有特殊經歷或興趣的人，驚覺「這方面也有這方面的專家啊」，對他們肅然起敬。這種尊敬的心情非常重要。

尤其是年輕人，多半都能深刻地體會到專業配音員有多厲害，讚嘆「配音員好厲害啊！」「專業的果然有一套」。不只配音員，一旦親眼見識到專業的厲害之處，就會對各行各業的專家肅然起敬。光是能產生尊敬專業的心情，世界就會變得無限寬廣。

思維練習

092

學習方法

吉田松陰：教學相長，獲取新知

把牢房變成補習班

江戶末期思想家吉田松陰，具有堅強的意志力與探索知識的好奇心，對當時的革命志士帶來重大的影響。

後來因為搭乘黑船偷渡被捕，被關在國元長州（現在的日本山口縣）的監獄「野山獄」裡。不過管制並不森嚴，還能自由地讀書，與同為階下囚的人交流。因此松陰向他們說明世上發生的事與社會的現狀，強調學習的重要性，幾乎把牢房變成補習班。

想當然耳，學識最淵博的松陰講解了《論語》等著作，但不只是這樣而已。他還請一些囚犯當老師，教其他囚犯自己知道的事、擅長的事。藉由這個方法，囚犯們都得到了知識，理解得更加深入。有如所謂的讀書會，是後來「松下村塾」

的原型。

透過教學相長，不只受教的人，施教的人也能學到東西，是非常有效的學習方法。不要拘泥於「應該由老師或前輩這些地位較高的人來施教」的既定概念，也要給資深員工向新人學習的機會，對彼此都是很好的刺激。前輩比較熟悉工作，但新進員工說不定對別的事情很有研究。不僅如此，教學相長還有助於建立起更融洽的關係。

思維練習
093
手寫

南方熊楠：抄寫是個加深記憶的好方法

什麼都可以透過抄寫來記憶

博物學者兼民俗學者南方熊楠，將其一生奉獻給研究活動，在英國的科學雜誌《Nature》及民間傳承雜誌《Notes and Queries》發表許多論文，打響世界知名度。熊楠原本就是個聰明人，時常進行輸入與輸出。能很快地將得到的知識寫成論文，與認識的學者討論，以加深理解。

熊楠的學習方法非常特別，凡是對什麼事物感興趣，就會立刻寫下來，化為自己的知識。據說他小時候曾經從醫生朋友家裡借來江戶時代的百科全書《和漢三才圖會》，把整套書共一百零五集全部抄下來。去英國留學時也以驚人的速度抄寫大英博物館的藏書等等。數量高達五百本以上，他的《倫敦摘要》密密麻麻地填滿了五十二本筆記本。

時至今日，抄寫依然重要

如今是很容易買到書的時代，因此每當需要知識，或許就會直覺買書來看。但有時候為了加深理解，建議學熊楠抄寫。抄寫時請抱著要全部吸收進去的氣勢來抄寫。

雖說是抄寫，也不一定要手寫。習慣用電腦的人也可以用電腦輸入，但就算只有一部分，也盡可能不要複製貼上。從頭到尾都用打的，不僅會有「恍然大悟」的感覺，還因為用手指敲打鍵盤，具有更容易留在記憶裡的效果。

相反地，如果手寫比較容易加深記憶的人當然也可以手寫。用手寫字還具有讓心情平靜下來的作用。所以請選擇適合自己的做法。

思維練習

094

記錄

彼得・杜拉克・管理目標，打破拖延症

終生學習的杜拉克

號稱現代管理學之父的彼得・杜拉克的厲害之處在於具有強烈的學習欲望與高度的計畫性。如他所說：「我的字典裡沒有『退休』二字。」即使到了晚年，他不僅繼續在大學教書及出書，還另外有計畫地持續學習。

他利用「Action Plan」，也就是所謂的行動計畫書來學習。設定目標後，再設定什麼時候要完成的期限，進行徹底的自我管理。

透過紙筆進行目標管理

我一旦立定「今天要做這件事」的目標，就會馬上寫進記事本裡。

每次翻開記事本，回首過去，可以反問自己今天做了什麼。記事本是為了讓每天都過得很充實的重要工具。

另外，記事本也可以用來記錄「做過的事」。一旦寫下「今天看了三十分鐘的書」，接著就會想繼續寫下去。「飲食日記」也是大同小異的思考邏輯，記錄有助於提升幹勁。

也建議寫在便條紙上，再把便條紙貼在電腦上。此舉不僅有助於目標管理，也能清楚看見自己目前面對的問題，可以撥開腦中的迷霧，減輕壓力。

便條紙如果一直貼著，很快就會失去效果，因此不妨也寫上期限。兩週左右最有效。

打個比方，如果是平常寫信很容易寫錯字，遭到上司責罵的人，請貼上寫著「念出聲音來檢查，確定沒有錯字再寄出去。期限為某月某日」的便條紙。如此一來，錯誤就會逐漸減少。即使是微小的目標，最好也立下具體的目標。

思維練習

095

質與量

史蒂芬・金：專注，是可以反覆練習的

自律的力量

以《綠色奇蹟》及《戰慄遊戲》等作品享譽全球的恐怖小說作家史蒂芬．金，在《史蒂芬．金談寫作》這本書裡寫到：在自己心中制定規則，並養成遵守規則的習慣很重要，他自己就嚴格遵循這套規範，無論多麼不想寫作，也絕不停下腳步，每天上午都會把自己關在書房裡，規定至少要寫兩千字。

想當然耳，寫作是史蒂芬．金的職業，所以一般人不用模仿到這個地步。但事先決定工作量，對於讓自己處於容易集中注意力的狀態而言，是個非常有效的方法。

比起質，先衝量再說

遲遲無法集中精神作業的人，大部分都是沒有目標、無可無不可地開始。但這樣很容易做到一半就開始分心。相反地，只要知道必須集中注意力到什麼時候，就能充滿幹勁。

決定工作量之際，重點在於先不要管品質。因為有的人會因為太在乎品質，搞到最後啥也做不成。因此不妨先從坐在書桌前三十分鐘開始，全神貫注地搞定量。寫文章也是，一旦決定要先衝量，就會源源不絕地產生寫下去的勇氣，寫出更多的量。所以起初先從填滿一張四百字的稿紙開始即可。

我深受棒球漫畫《巨人之星》的影響，還是小學生的時候就很喜歡「揮棒一千次」這句話，不管做什麼事，都從揮棒一千次的角度出發。背英文單字時也規定自己每天要背兩百個單字，五天就是一千個單字。老實說，光是這麼做，其實很快就忘得一乾二淨。但「這也是揮棒一千次」的想法能激發幹勁。所以請先決定要做多少量

思維練習
096
切換

村上春樹：鍛鍊身體，就是在調整大腦

身體狀態，大大影響頭腦

日本作家村上春樹持續筆耕不輟至今，為了培養創作長篇小說時需要的精力與體力，他的習慣是「跑步」。每天要跑十公里，還曾挑戰過鐵人三項。或許也有人會疑惑「寫小說需要鍛鍊身體嗎？」但是把寫長篇小說當成工作時，身體健康至關重要。話說回來，思考這項行為本身其實也需要肉體的支撐。

之所以這麼說，是因為具有持久力的人能鍥而不捨地面對困難；而具有瞬間爆發力的人能以迅雷不及掩耳的速度處理問題。藉由讓身體處於良好的狀態，也能對學習或工作帶來良好的影響。

保留調整身體狀態的時間

不只是平常嚷嚷著運動不足的人，希望所有人都能實踐這點。話雖如此，也不必追求像村上春樹這般，一口氣挑戰馬拉松。慢慢來沒關係，請刻意給自己一段在日常生活的步調中調整身體狀態的時間。例如上健身房也是個好方法。健身房以前給人的印象是有錢人才能去的地方，但最近也多了很多便宜的健身房，價格變得平易近人許多。

另外，我也很推薦洗三溫暖或泡溫泉。尤其最近與三溫暖有關的書越來越多，人氣水漲船高。很適合用來調整身體的狀態，只是要小心別待太久。溫泉也一樣，泡溫泉的時候，心靈必然會變成一片空白，所以也很適合用來切換開關。

當工作遇到瓶頸，我也會去洗三溫暖或泡溫泉。讓頭腦煥然一新，接下來的工作也會更順利。

思維練習

097

古典文學

澀澤榮一：打造屬於自己的行動方針

改變日本經濟的《論語》智慧

常有人形容：「古典文學是增進涵養的寶庫，此生必讀。」但是要閱讀大量的古典文學，其實不是一件容易的事。這時比起執著於數量，不如先找出適合自己的作品。

遙想時局混亂的明治時代初期，澀澤榮一將他從小就很熟悉的《論語》視為自己的精神支柱，下定決心要改變日本的財經界。即使以現代角度來看，《論語》的智慧也絲毫不過時。不僅如此，其中更有許多教誨值得我們付諸實行。

澀澤討厭「壟斷」的概念，認為人都應該為公鞠躬盡瘁。這份理念，讓他與三菱創始人在海運業界處於勢不兩立的敵對狀態，而他終其一生都沒有建立財閥。這種一以貫之的思考模式，也是因為他有「以《論語》為精神支柱」的明確方針，這點在他的著作《論語與算盤》中，也可以窺知一二。

自二〇二四年起，日本的萬圓新鈔將改用澀澤的肖像，可見他在歷史上受到相當高的評價，此舉同時也是肯定他在公共利益上做出了巨大的貢獻。

選擇適合自己的書

由此可見，《論語》是澀澤的精神支柱。換句話說，像他這樣找一本「屬於自己的古典文學」相當重要。相對之下，如果是容易緊張焦慮的人，我建議不妨閱讀講求順應自然的《老子》，作為自己的人生哲學。

另外，當自己成為老闆，有一份自己的事業時，不妨研讀馬基維利的《君主論》，學習經營之道。不管是小說還是偉人的名言集，都能成為自己的支柱。

剛翻開屬於自己的古典文學時，請以抱持著尋找共鳴的心情，來閱讀那些可能適用於自身情境的書籍。

思維練習
098
心情好

大隈重信：看起來很努力，就真的會更努力

專業的真諦

日本明治時期政治家大隈重信，曾在著作《青年訓話》裡提過：「活力是人類的生命泉源。」另外，以《武士道》這部作品廣為人知的日本思想家——新渡戶稻造，也在散文中寫過：「應該有意識地讓自己處於cheerful的狀態。」「cheerful」是指「有活力」「心情好」的意思。日本男性很容易動怒，為了不讓自己陷入不高興的情緒，隨時表現出有活力、心情好的樣子也很重要。

以前教過我的老師裡，有個每天都穿同樣的衣服站在講台上、以相同的語氣講課的人，情緒幾乎沒有任何波動。

那位老師在最後一堂課說：「我也是人，情緒也會起起落落。但我認為如果讓各位看到我的情緒波動，就沒資格當老師了。所以我總是以相同的狀態，提供

正確無誤的講解。」這句話令我大受感動。所謂的專業並不是不帶感情，而是不讓人看見自己不開心的反應，或狀態不佳的時候。

活力是可以「弄假成真」的

並不是只有專業人士才要這麼做，建議各位也隨時表現出活力十足的樣子。舉例來說，工作上必須見人的場合，請務必隨時表現出穩定愉快的模樣。如此一來，即使身體真的不太舒服，也會感覺自己慢慢地振作起來。一旦養成習慣，就算宿醉很嚴重，只要採取這個方法，也就會覺得宿醉沒那麼嚴重了。

聽到用人用英文問自己：「How are you？」不管好不好，都要回答「Fine」。平常與人相處的時候，也要有意識地表現出很有活力的樣子，這點很重要。

思維練習

099

突破

施里曼：打破常規的勇氣

天馬行空，又怎樣？

由德國的企業家施利曼發現的特洛伊遺址，在實際出土之前一直被視為是不存在的遺跡。即使受盡周圍的嘲笑，施利曼也不放棄希望，於四十九歲開始挖掘，三年後終於揚眉吐氣。可見始終相信、勇於挑戰的態度可以說是成功的關鍵。

我熱愛運動，當日籍選手在一九七二年的札幌奧運拿下一大堆金牌時，我也激動地與朋友爭先模仿跳台滑雪（問題是，我居住的靜岡市從不下雪，所以我沒辦法重現高手滑雪的帥氣技巧，只能反覆練習從樓梯高處往下跳……）當時，併攏雙腳跳起的滑雪姿勢蔚為流行，沒想到過沒多久，就由V字跳躍取而代之，成為主流了。

就像這樣，許多現在習以為常的行為，過去或許都是令人不以為然的「傻事」。反過來說，即使是一般人認為毫無道理可言的行為，只要試著相信，最後都會變成真理，獲得令人眼睛為之一亮的成果。

試著做些白費力氣的小事

我在課堂上教過學生，刻意做些沒常識的事其實是有意義的。請學生從家裡各帶一本叢書來，兩人一組，進行交換，花五分鐘看那本書。五分鐘後再向已經看過那本書的人說明自己看到的內容。大家或許會覺得這是在強人所難，但實際嘗試之後，其實都能把內容講解到一定程度，真不可思議。

或許大家會覺得花五分鐘看一本書、說明一本書非常沒常識，但實際嘗試會發現，其實也不是不可能的任務，反而能帶給自己力量。即使是沒常識的事，實際做了以後就能發現其有趣的地方，也能感受到真實的效果。打破截至目前的常識，或許能有什麼新發現也說不定。

思維練習
100
活力

佐伯祐三：不被肯定，才能讓人跌破眼鏡

將否定變成動力

從大正時期紅到昭和時期的日本畫家佐伯祐三，在東京美術學校（現在的東京藝術大學美術學部）學習西洋繪畫後，二十六歲遠赴巴黎留學。當時他前去拜訪知名野獸派畫家烏拉曼克，請他點評看自己的作品。

烏拉曼克看了佐伯的畫，毫不留情地批評：「太學院派了，完全是照搬學校教的畫法。」甚至痛斥：「給我好好表現出自己的個性！」這番話如同醍醐灌頂，讓佐伯開始重新審視自己：「原來如此！究竟什麼才是能充分表現自己的主題？」

後來，佐伯打破自己的固有模式，決定開始描繪巴黎的牆壁。在他的筆下，牆面上既有張貼破掉的海報，亦有看板招牌——他將畢生的精力，都投注在描繪

日本幾乎看不到的風景。直到他在三十歲去世以前，他都孜孜不倦地持續描繪巴黎的牆壁，每一幅都是傾力傑作。

刻意讓別人否定

試著在空空如也的狀態下反省也很重要。因此像佐伯那樣，受到別人善意的否定也是很寶貴的經驗。尤其是被自己尊敬或是愛著自己的人說「你不能再這樣下去」或「今年是勝負的關鍵」時，等於是重新審視自己的好機會。

現代人很少敢當面指責別人的錯誤，但若刻意問對方：「請問我有哪裡需要改進？」對方應該也會願意回答。即使對方不好意思回答，可以再誠懇地問對方一次：「硬要說的話，我還有哪些可以改進的地方？」如此一來，對方大概也會回答「表情稍微再開朗一點比較好」。

建議詢問自己信賴的人或誠實的人。如果被別人批評會感到沮喪，換成自己信賴的人或誠實的人或許就沒那麼受傷了。

business B 08

不被洗腦的思維練習

作　　者｜齋藤孝
翻　　譯｜賴惠鈴
責任編輯｜黃文慧
特約編輯｜李韻
封面設計｜葉馥儀
內文排版｜簡單瑛設

出　　版｜境好出版事業有限公司
總 編 輯｜黃文慧
副總編輯｜鍾宜君
行銷企畫｜胡雯琳
地　　址｜10491 台北市中山區復興北路 38 號 7F 之 2
粉 絲 團｜https://www.facebook.com/JinghaoBOOK
電子信箱｜JingHao@jinghaobook.com.tw
電　　話｜(02)2516-6892
傳　　真｜(02)2516-6891

發　　行｜采實文化事業股份有限公司
地　　址｜10457 台北市中山區南京東路二段 95 號 9 樓
電　　話｜(02)2511-9798 傳真：(02)2571-3298
采實官網｜www.acmebook.com.tw
法律顧問｜第一國際法律事務所　余淑杏律師
定　　價｜380 元
初版一刷｜2023 年 2 月
ISBN/EAN｜978-626-7087-87-9
E I S B N｜9786267087916（PDF）
E I S B N｜9786267087886（EPUB）

特別聲明：
有關本書中的言論內容，不代表本公司立場及意見，
由作者自行承擔文責。